Public Diplomacy im Westen

Zivilisationen & Geschichte

Herausgegeben von
Ina Ulrike Paul und Uwe Puschner

Band 12

PETER LANG
Frankfurt am Main · Berlin · Bern · Bruxelles · New York · Oxford · Wien

Thomas Brünner

Public Diplomacy im Westen

Die Presseagentur *Panorama DDR* informiert das Ausland

PETER LANG
Internationaler Verlag der Wissenschaften

Bibliografische Information der Deutschen Nationalbibliothek
Die Deutsche Nationalbibliothek verzeichnet diese Publikation in
der Deutschen Nationalbibliografie; detaillierte bibliografische
Daten sind im Internet über http://dnb.d-nb.de abrufbar.

Umschlaggestaltung:
Olaf Glöckler, Atelier Platen, Friedberg

Bildnachweis:
Eröffnung der 4. Journalistenkonferenz des ZK
der SED am 11. Dezember 1964 in Ost-Berlin.
© Deutsches Historisches Museum

Gedruckt auf alterungsbeständigem,
säurefreiem Papier.

ISSN 1867-092X
ISBN 978-3-631-61557-7
© Peter Lang GmbH
Internationaler Verlag der Wissenschaften
Frankfurt am Main 2011
Alle Rechte vorbehalten.

Das Werk einschließlich aller seiner Teile ist urheberrechtlich
geschützt. Jede Verwertung außerhalb der engen Grenzen des
Urheberrechtsgesetzes ist ohne Zustimmung des Verlages
unzulässig und strafbar. Das gilt insbesondere für
Vervielfältigungen, Übersetzungen, Mikroverfilmungen und die
Einspeicherung und Verarbeitung in elektronischen Systemen.

www.peterlang.de

Für meine Eltern

English abstract
This paper analyzes publications by the GDR's news agency »Panorama DDR«. It will focus on material published in France and the United Kingdom in the years 1964, the year of its creation, through 1973, the year of the GDR's diplomatic recognition by many Western States. The news agency was tasked with positively affecting reports about the GDR in Western press. Thus, it was part of »Auslandsinformation«, which in the 1960s was primarily trying to get the West to diplomatically recognize the GDR. This strategy – which we understand as »public diplomacy« – was thereby part of the SED's »Westpolitik«.

By drawing a comparison between the situation in France and the UK respectively we can ascertain that »Panorama DDR« was able to publish virtually exclusively in communist media. Neither did the »Auslandsinformation« accomplish to foster a positive image of the GDR in the public opinion nor did it promote diplomatic relations. International recognition of the GDR became possible only after the Federal Republic adopted the »Neue Ostpolitik«. Overall, the GDR's »Auslandsinformation« during the 1960s was therefore not successful.

Résumé en français
Cette étude se penche sur les publications de l'agence de presse de la RDA »Panorama DDR« en France ainsi qu'en Grande-Bretagne depuis ses débuts en 1964 jusqu'en 1973, l'année de la reconnaissance diplomatique de la RDA par de nombreux états de l'Ouest. Cette agence eut pour mission d'influencer de façon positive les informations concernant la RDA dans la presse des pays de l'Ouest. Elle faisait partie de ce fait de l'»Auslandsinformation«, dont le but principal fut, dans les années 1960, la reconnaissance diplomatique de la RDA par les pays de l'Ouest. Cette strategie, à comprendre ici comme »public diplomacy«, faisait partie intégrante de la politique tournée vers l'Ouest du SED.

La comparaison des situations respectives en France et en Grande-Bretagne demontre que l'influence de »Panorama DDR« se limita pratiquement aux médias communistes. Dans aucun des deux pays, l'»Auslandsinformation« n'arriva à transmettre une image positive de la RDA auprès de l'opinion politique, et ne réussit également pas à aider à une quelconque amélioration des relations diplomatiques. Une reconnaissance diplomatique de la RDA ne fut possible qu'au moment de la nouvelle »Ostpolitik« de la RFA. Le bilan de cette »Auslandsinformation« dans les années 1960 est par conséquent peu positif.

Danksagung
Mein besonderer Dank gilt Herrn Prof. Dr. Arnd Bauerkämper, der diese Arbeit als Magisterarbeit an der Freien Universität Berlin betreut hat, insbesondere für sein detailliertes Gutachten. Ebenso danke ich Herrn Prof. Dr. Paul Nolte für das Zweitgutachten. Zu großem Dank verpflichtet bin ich Frau PD Dr. Ina Ulrike Paul und den Kommilitoninnen und Kommilitonen ihres Magistranden-Colloquiums, in dem ich wertvolle Anregungen in einer stets angenehmen und konstruktiven Arbeitsatmosphäre bekam. Bei den Mitarbeiterinnen und Mitarbeitern des Bundesarchivs in Berlin bedanke ich mich für die kompetente Unterstützung bei meinen Recherchen. Ganz besonders danken möchte ich Robert Liebscher, der die Arbeit sehr aufmerksam korrekturgelesen hat, Anne-Louise Lambert und Alexander Hamann für die Übersetzung des französischen bzw. englischen Abstracts, und Jessica Siegel für die Bearbeitung des Cover-Fotos.

Inhaltsverzeichnis

1 Public Diplomacy und der »Königsweg durch die Hintertür«   11

2 Der Kontext: Die Agentur und die Westbeziehungen der DDR   19
    2.1   »Panorama DDR« von der Gründung 1964 bis zur Umgestaltung 1973   19
    2.2   Die DDR, Großbritannien und Frankreich vor 1973   30

3 Anspruch und Praxis der Auslandsinformation   41
    3.1   Anspruch: Die Strategie der Auslandsinformation 1963–1973   41
    3.2   Praxis: Die Arbeit von »Panorama DDR« in Frankreich und Großbritannien   57

4 Die Auslandsinformation der DDR – erfolgreiche Public Diplomacy im Westen?   77

Anhang   83
    Abkürzungsverzeichnis   83
    Quellen- und Literaturverzeichnis   85
    Personenregister   94
    Sachregister   96

1 Public Diplomacy und der »Königsweg durch die Hintertür«

Das vom SED-eigenen Dietz-Verlag herausgegebene »Kleine Politische Wörterbuch« enthält auch in seiner achten Auflage von 1988 noch das Stichwort »Propaganda«, obwohl der Begriff im deutschen Sprachgebrauch seit der Zeit des Nationalsozialismus negativ konnotiert ist. Aus der Sicht überzeugter Marxisten-Leninisten jedoch war Propaganda mit den entsprechenden, »richtigen« Inhalten durchaus positiv und sogar notwendig, denn schließlich stelle sie auf der Basis der von Marx und Lenin formulierten »objektiven Entwicklungsgesetze« nur die »systematische Verbreitung und gründliche Erläuterung politischer, philosophischer, ökonomischer, historischer, naturwissenschaftlicher, technischer u. a. wissenschaftlicher Lehren und Ideen«[1] sicher und helfe damit der Arbeiterklasse, ihre historische Mission zu erfüllen. Damit war die marxistisch-leninistische streng von der »imperialistischen« Propaganda zu unterscheiden, denn diese wiederum hatte zum Zweck, auf dem Weg einer Manipulation des Bewusstseins der Menschen »vor dem Volk die wirklichen Ziele kapitalistischer Herrschaft zu verschleiern«.[2]

Hier klingt deutlich an, was gerade vor dem Hintergrund des Kalten Krieges mit seiner bipolaren Weltordnung von beiden Seiten wahrgenommen wurde: Propaganda war nur dann Propaganda im negativen Sinn, wenn sie vom Gegner kam. Wie volatil auch die höchsten Parteigremien der SED mit dem Begriff umgingen, zeigt seine auf das Ausland bezogene Verwendung in den entsprechenden Akten: Anfang der 1960er Jahre wurde in der DDR »Auslandspropaganda« von dem neutraleren »Auslandsinformation« abgelöst, während sich der erste Begriff später dann wiederum mit negativer Bedeutung auf die dementsprechenden Aktivitäten des westlichen Gegners bezog.[3]

---

1 Art. »Propaganda«. In: Waltraud Böhme et al. (Hrsg.): Kleines Politisches Wörterbuch. Berlin (Ost) 1988 (8. Auflage), S. 795.
2 Ebd.
3 Martin Praxenthaler: Die Sprachverbreitungspolitik der DDR. Die deutsche Sprache als Mittel sozialistischer auswärtiger Kulturpolitik. Frankfurt am Main u. a. 2002, S. 36. Bis heute gibt es keinen umfassenden Konsens zur Definition von »Propaganda«; so wurde der Begriff sogar schon als »vorwissenschaftlich« abgelehnt, vgl. Christian Schwendinger: Was ist Propaganda? Begriffsgeschichte, Definition und das »Wesen« der Propaganda. In: RhetOn – Online-Zeitschrift für Rhetorik und Wissenstransfer ⟨URL: http://www.rheton.sbg.ac.at/rhetonneu/index.php?option=com_content&task=view&id=81&Itemid=26⟩ – letzter Zugriff am 27.10.2009; hier auch eine Begriffsgeschichte sowie eine Darstellung unterschiedlicher wissenschaftlicher Paradigmen in Bezug auf Propaganda. Um Eindeutigkeit zu schaffen, wird der Begriff hier, falls nicht anders gekennzeichnet, politisch neutral mit Terence H. Qualter als »the deliberate attempt by some individual or group to form, control or alter the attitude of other groups by the use of the instruments of communications, with the intention that in any given situation the reaction of those so influenced will be that desired by the propagandist« verstanden, s. Terence H. Qualter: Propaganda and psychological warfare. New York 1962, S. 27.

Der Mobilisierung der öffentlichen Meinung in den gegnerischen Staaten wurde im Ost-West-Konflikt eine hohe Bedeutung beigemessen, und beide Seiten unternahmen große Anstrengungen, um ihre jeweilige Sicht der Dinge zu propagieren. Um hierfür den unscharfen und häufig ideologisch konnotierten Begriff »Propaganda« zu vermeiden, stehen andere, präzisere analytische Konzepte zur Verfügung. Die Auslandsinformation der DDR kann etwa, Nils Abraham[4] folgend, als »Public Diplomacy« bezeichnet werden. Dabei handelt es sich um einen Begriff aus den 1960er Jahren, der von dem US-amerikanischen Diplomaten Hans N. Tuch 1990 definiert wurde als »a government's process of communicating with foreign publics in an attempt to bring about understanding for its nation's ideas and ideals, its institutions and culture, as well as its national goals and current policies.«[5] Im Unterschied zur klassischen Diplomatie, die den teils geheimen Austausch zwischen offiziellen Vertretern zweier oder mehrerer Staaten bezeichnet, ist hier die Öffentlichkeit eines anderen Landes das Ziel der Kommunikationsbestrebungen einer Regierung. Die Bevölkerung des jeweiligen Staates soll ohne Umweg direkt angesprochen werden. Gerade im Kalten Krieg war der direkte Weg wichtig, weil die dortige Regierung in der Regel mit dem ideologischen Gegner identifiziert wurde, der das eigene Volk mit falscher Propaganda indoktrinierte. Anders als in den pluralistischen Gesellschaften der westlichen Staaten, wo es neben gouvernementalen auch eine Fülle von staatsfernen privaten Initiativen auf diesem Sektor gab, waren in der DDR alle ins Ausland gerichteten Propagandabemühungen letztlich Public Diplomacy, da sie fast ausschließlich – sieht man einmal von der Möglichkeit der Kirchen ab, in begrenztem Umfang selbst Kontakte ins Ausland zu unterhalten – von der Regierung, also der herrschenden SED unternommen wurden.

Das Konzept der Public Diplomacy wird hier benutzt, obwohl es eigentlich geschaffen wurde, um entsprechende Aktivitäten der USA positiv von »Propaganda« abzugrenzen. Der Unterschied bestehe hier vor allem darin, dass Propaganda gezielt auf Lügen beruhe und damit immer intendierte Desinformation sei. Die Befunde dieser Arbeit sprechen jedoch gegen eine solche generelle Abgrenzung. Im Fall der Auslandsinformation der DDR sahen die Verantwortlichen ihre Arbeit keineswegs als auf Unwahrheiten basierende Manipulationsversuche. Im Gegenteil dürfte zumindest ein Großteil der ideologisch überzeugten Mitarbeiter der Auslandspropaganda tatsächlich davon überzeugt gewesen sein, dass sie die Wahrheit verbreiteten – gegen die lügende »imperialistische Feindpresse«. Sicher ändert das nichts daran, dass ihre Veröffentlichungen von einer objektiven Warte aus gesehen nicht die Wirklichkeit, sondern ei-

---

4 Nils Abraham: Die politische Auslandsarbeit der DDR in Schweden: Zur Public Diplomacy der DDR gegenüber Schweden nach der diplomatischen Anerkennung (1972–1989). Berlin u. a. 2007.
5 Hans N. Tuch: Communicating with the world. U. S. Public Diplomacy overseas. New York 1990, S. 3. Dieses Verständnis von Public Diplomacy, das als analytischer Rahmen für diese Untersuchung am besten geeignet erscheint, kann laut Christian Michalek als Kristallisation der zahlreichen, für den Begriff unternommenen Definitionsversuche angesehen werden, vgl. Christian Michalek: Die Deutsche Welle im Rahmen von Public Diplomacy. Journalistisches Selbstverständnis und politischer Auftrag des deutschen Auslandsrundfunks. München 2009, S. 24. Hier auch eine detaillierte Darlegung der Entwicklung dieses Konzepts.

nen ideologisch gewünschten Zustand der Wirklichkeit wiedergaben. Entscheidend scheint jedoch die Selbstwahrnehmung der Propagandaproduzenten zu sein, denn es ist ein beträchtlicher Unterschied, ob man bewusst Lügen produziert oder sich als »Aufklärer« von anderer Seite belogener Menschen versteht. Umgekehrt waren und sind entsprechende Aktivitäten westlicher Staaten wie z. B. der USA oder der Bundesrepublik, gerade im Kontext des Kalten Krieges, sicher nicht immer und ausschließlich durch die Verbreitung der objektiven Wahrheit gekennzeichnet.

Von diesen Überlegungen ausgehend ergeben sich interessante Fragen, etwa nach der grundsätzlichen Legitimität von gouvernementalen Kommunikationsstrategien, die auf fremde Öffentlichkeiten gerichtet sind. Inwieweit ist eine Demokratie dazu eher berechtigt als eine Diktatur? Und daraus folgend: Welche Methoden wurden und werden hierbei angewandt? Differieren sie zwischen Demokratie und Diktatur? Wer hat dabei von wem gelernt? Welche Ziele verfolgte man damit? Kann gewissen Staaten oder Systemen ein besonderes »Sendungsbewußtsein« attestiert werden, dass sie in dieser Hinsicht besonders aktiv werden lässt? Oder spielen hier eher exogene Faktoren wie gewisse Systemkonstellationen eine Rolle? Ausgehend von einem historischen Längsschnitt, der das Phänomen »Auslandspropaganda« anhand ausgewählter Fallstudien von der Zeit des Ersten Weltkriegs ausgehend betrachtet, wird der Verfasser diesen und weiteren Fragen in seinem Dissertationsprojekt »Von der Auslandspropaganda zur Public Diplomacy: Analyse eines Kommunikationskonzepts im transnationalen historischen Vergleich« nachgehen.

Im Mittelpunkt der vorliegenden Arbeit steht eine Sektion der Auslandsinformation der DDR, die in der Forschung bis jetzt kaum Beachtung gefunden hat: der Versuch, die Presse vor allem im westlichen Ausland zu beeinflussen, um der jeweiligen Öffentlichkeit das gewünschte Bild der DDR zu vermitteln. Auf diesem Weg erhoffte man sich mittelfristig, die Durchsetzung eigener politischer Ziele unterstützen zu können, indem die angesprochene Bevölkerung für diese mobilisiert werden sollte. Nach dem Mauerbau 1961 litt die DDR vor allem im Westen unter einem dramatischen Imageverlust, und dem sollte mit einer detailliert geplanten Strategie der Auslandsinformation entgegengewirkt werden. Zu dieser Strategie, deren Hauptziel in den 1960er Jahren das Erreichen der völkerrechtlichen Anerkennung der DDR durch den Westen war, gehörte auch die Arbeit von »Panorama DDR«. Im Juli 1964 als »Auslandspressedienst GmbH« in Ost-Berlin gegründet, bestand die Aufgabe der Agentur zunächst darin, die ausländische Presse mit Informationsmaterial über die Politik und die »Errungenschaften« des ostdeutschen Staates zu versorgen und vor allem selbst erstellte Artikel dort zur Veröffentlichung zu bringen. Als das Etappenziel der Normalisierung der Beziehungen mit dem Westen 1973 erreicht war, wurde »Panorama DDR« komplett reorganisiert; in Zusammenarbeit mit dem Verlag »Zeit im Bild« gab die Agentur fortan Informationsliteratur über die DDR in Buch- und Broschürenform heraus.[6] Innerhalb der Public Diplomacy kommt der Arbeit von Panorama

---

6 So z. B. ein regelmäßig neu aufgelegtes Kompendium mit Informationen zu Geschichte, Politik, Wirtschaft, Gesellschaft u. a. der DDR: Panorama DDR, Redaktion »DDR im Überblick«

in Westeuropa von 1964–73 eine Sonderrolle zu, denn, anders als etwa bei DDR-Ausstellungen oder auch der von »Zeit im Bild« produzierten Informationsliteratur sollten die Rezipienten hier zumindest meistens hinsichtlich des Absenders der Informationen getäuscht, das veröffentlichte Material also gewissermaßen »indigenisiert« werden. Ulrich Pfeil hat diese Methode treffend beschrieben:

> »Gerade im Kontext des Ost-West-Konfliktes erschien ein indirektes Vorgehen bei der Einwirkung auf die öffentliche Meinung des ideologischen Gegners größere Erfolge zu versprechen. Den ›Königsweg durch die Hintertür‹, bei dem die Kommunikationsquelle im Hintergrund bleibt und unterschiedliche politische und ideologische Zielsetzungen verdeckt werden, sahen beide Seiten in der Instrumentalisierung peripherer Themen mit sekundären Imagedimensionen und bedienten sich dabei der vordergründig apolitischen Kultur, über die propagandistische Absichten bei weltanschaulicher Gegnerschaft verschleiert und Vertrauen aufgebaut werden sollte, um die kognitiven Strukturen der anderen Seite über vertraute Themen und Schlagworte (Demokratie, Fortschritt, Friede, Antifaschismus, Imperialismus, Sozialismus etc.) zu erreichen.«[7]

Nicht zuletzt wird hier auch die Frage zu klären sein, inwieweit es den Propagandisten in Ost-Berlin gelang, diesen »Königsweg« erfolgreich zu gehen. Denn dem stand ein nicht zu unterschätzendes Problem entgegen: »Für die transnationale Kommunikation und die Imagepolitik galt es [...], die Spezifika des anderen Systems zu verstehen, um es für den Transfer von Inhalten und Bildern nutzen zu können.«[8] Dieses Verständnis des anderen Systems, in diesem Fall also der pluralistischen Gesellschaft (und Presse) einer westlichen Demokratie, fiel den ideologiefesten Marxisten-Leninisten der Auslandsinformation sichtlich schwer.

Studien zur Auslandsinformation der DDR gibt es bisher kaum;[9] bisweilen wird sie in Arbeiten zur Außenpolitik[10] thematisiert, allerdings bleibt auch in diesem Bereich bis heute vieles Desiderat, insbesondere Untersuchungen zur Westpolitik der DDR.[11] Auch »Panorama DDR« wurde bisher noch nicht systematisch untersucht; die Agentur wird zwar immer wieder im Zusammenhang mit der Auslandsinformation genannt, meist jedoch nur in ihrer Funktion als Herausgeber von Informationsliteratur ab 1973.[12] Michael Minholz berichtet in seiner Anfang 1990 fertiggestellten medi-

---

(Hrsg.): Die DDR stellt sich vor. Berlin (Ost) 1984. Eine einzige selbstständige Publikation der Agentur vor 1973 konnte ausfindig gemacht werden, eine kuriose maschinenschriftlich verfasste Liste von Unternehmen, die angeblich von der CIA infiltriert seien: Panorama DDR (Hrsg.): Gelbe Liste: Wo ist die CIA? (Yellow list: where is the CIA?). Berlin (Ost) 1969/1970.

7 Ulrich Pfeil: Intersystemische Kulturbeziehungen im Ost-West-Konflikt. Die DDR und der Westen. In: Stefan Berger (Hrsg.): The other Germany: Perceptions and Influences in British-East German Relations 1945-1990. Augsburg 2005, S. 201.
8 Ebd.
9 Eine bereits zitierte Ausnahme bildet Abraham: Public Diplomacy.
10 So z. B. am Rande bei Ingrid Muth: Die DDR-Außenpolitik 1949–1972. Inhalte, Strukturen, Mechanismen. Berlin 2000.
11 Für einen Überblick über die Forschung zur Außenpolitik der DDR, auch vor 1989, siehe Hans-Georg Golz: Verordnete Völkerfreundschaft. Das Wirken der Freundschaftsgesellschaft DDR-Großbritannien und der Britain GDR Society – Möglichkeiten und Grenzen. Leipzig 2004, S. 10–13.
12 Das Lexikon »So funktionierte die DDR« etwa gibt das Gründungsjahr der Agentur mit 1974 an und enthält dementsprechend keine Informationen über ihre vorherige Tätigkeit, vgl. Art.

enwissenschaftlichen Dissertation[13] über den »Allgemeinen Deutschen Nachrichtendienst« (ADN) auch kurz über Panorama. Trotz der fehlenden Möglichkeit der Akteneinsicht konnte er in Erfahrung bringen, dass die Agentur seit 1964 existierte und vor 1973 ausschließlich Pressearbeit betrieb. Minholz stützt sich vor allem auf Zeitzeugeninterviews, woher auch die Aussage stammen dürfte, Panorama habe »als eines der wichtigsten Organe der DDR-Auslandspropaganda« gegolten.[14] Diese Einschätzung mag für die Zeit nach der Anerkennung der DDR durch den Westen zutreffen, für die Pressearbeit in den 1960er Jahren dürfte sie etwas hoch gegriffen sein.

Auf diese bisher kaum bekannte erste Phase der Existenz von »Panorama DDR« wird sich die vorliegende Untersuchung konzentrieren. Begrenzt wird der betrachtete Zeitraum einerseits durch einen Beschluss des SED-Politbüros vom März 1963, in dem eine umfassende Strategie der Auslandsinformation festgelegt wurde, und andererseits durch das Frühjahr 1973 als Zeitpunkt, bis zu dem die DDR von den meisten westlichen Staaten anerkannt worden war und daher die Propaganda ins Ausland neu strukturiert und organisiert wurde. Die konkrete, auf dem Politbürobeschluss von 1963 basierende Arbeit von »Panorama DDR« soll somit von der Gründung im Juli 1964 bis 1972/73, als das Sekretariat des ZK der SED die Aufgaben der Agentur neu festlegte, untersucht werden. Hierbei werden die Aktivitäten in den staatssozialistischen Ländern ausgeblendet, da es dort keine Schwierigkeiten gab, eigenes Material zur Veröffentlichung zu bringen und die Blockverbündeten ohnehin in dieser Zeit keine außenpolitischen »Schwerpunktländer« der DDR darstellten. Vielmehr interessiert der Versuch, in der öffentlichen Meinung der westeuropäischen Länder das gewünschte DDR-Bild zu erzeugen, um so Einfluss auf deren Politik zu nehmen. Um eine Beurteilung der Möglichkeiten und Grenzen dieser Vorgehensweise zu ermöglichen, wird zunächst das Konzept der Auslandsinformation von 1963 hinsichtlich formulierter politischer Ziele und zu deren Erreichen angewandter Methoden einschließlich der vorgesehenen Inhalte und Argumentationslinien analysiert werden. In einem zweiten Schritt soll diesem Anspruch der Auslandsinformation die konkrete Arbeit von Panorama in Westeuropa gegenübergestellt werden, um beurteilen zu können, inwieweit einerseits die Auslandsinformation tatsächlich ihre Inhalte in die westlichen Gesellschaften tragen konnte und andererseits diese Arbeit einen Beitrag leistete zur Erreichung des wichtigsten mittelfristigen außenpolitischen Zieles der DDR in den 1960er Jahren, der diplomatischen Anerkennung durch den Westen.

Hierbei konzentriert sich die Untersuchung auf Frankreich und Großbritannien, denn gerade der Vergleich der Panorama-Tätigkeit in diesen beiden zu den Alliierten gehörenden Ländern führt zu der Eingangsthese, dass die Auslandspropaganda der DDR in Westeuropa offenbar nur dort eine Chance hatte, überhaupt nennenswert an

---

»Panorama DDR 1974–1990«. In: Andreas Herbst/Winfried Ranke/Jürgen Winkler (Hrsg.): So funktionierte die DDR. Lexikon der Organisationen und Institutionen. Mach-mit-Bewegung bis Zollverwaltung der DDR. Band 2, Reinbek bei Hamburg 1994, S. 782.
13 Michael Minholz/Uwe Stirnberg: Der Allgemeine Deutsche Nachrichtendienst (ADN). Gute Nachrichten für die SED. München u. a. 1995 (zuerst 1990).
14 Ebd., S. 12.

die Öffentlichkeit treten zu können, wo es eine verhältnismäßig starke kommunistische Bewegung gab, wie etwa in Frankreich, während das Fehlen oder die Schwäche des entsprechenden politischen Milieus, wie in Großbritannien, eine von größeren Teilen der Bevölkerung wahrgenommene Arbeit nahezu unmöglich machte. Diese Vermutung soll mittels der vergleichenden Analyse von Veröffentlichungen im benannten Zeitraum in den beiden Ländern überprüft werden. Dabei interessiert vor allem, in welchen Zeitungen und Zeitschriften die Agentur Veröffentlichungen ihres Materials erreichen konnte und welchen Inhalts dieses Material war, welches DDR-Bild also vermittelt werden sollte und konnte.

Konkret bedeutet das für das methodische Vorgehen, dass in Kapitel 2 zunächst eine kurze Darstellung der Entstehungszusammenhänge und der weiteren Entwicklung von »Panorama DDR« bis zur Umstrukturierung 1973 erfolgt. Darauf folgt ein detaillierter Blick auf die Beziehungen der DDR zu den beiden in die Untersuchung einbezogenen Staaten Großbritannien und Frankreich vor der Aufnahme diplomatischer Beziehungen und die Wahrnehmung des SED-Staates in der jeweiligen Öffentlichkeit. Nach dieser Vorstellung des Kontextes soll in Kapitel 3, das den Hauptteil der Arbeit bildet, im ersten Abschnitt zunächst die Strategie der Auslandsinformation der DDR, wie sie 1963 vom Politbüro beschlossen wurde, genau analysiert und auf ihre politischen Ziele hin untersucht werden. Dabei werden auch grundlegende, diese Strategie bestimmende Prinzipien der Außenpolitik dargelegt sowie der mit der Umsetzung betraute Apparat betrachtet. Der zweite Teil stellt diesem Konzept dann die Praxis der Arbeit von Panorama in Frankreich und Großbritannien zwischen 1964 und 1973 gegenüber. Hierbei soll ein *individualisierender*, also auf die Herausarbeitung von Unterschieden zielender Vergleich[15] eingesetzt werden, bezogen auf die sehr unterschiedlichen gesellschaftlichen und politischen Bedingungen in den beiden Ländern, die wiederum maßgeblichen Einfluss auf die Möglichkeiten und Grenzen der Arbeit der DDR-Auslandsinformation hatten. Dieser Vergleich wird zudem bewusst ein *asymmetrischer* Vergleich sein, denn während für Frankreich zahlreiche Veröffentlichungen vor allem in der kommunistischen Presse ausfindig gemacht werden konnten, gab es in den benutzten Akten für Großbritannien nur ungenaue Hinweise auf einzelne Publikationen, deren Nachverfolgung aufgrund des zu erwartenden Erkenntnisgewinns nicht lohnenswert gewesen wäre. Die Analyse von in Frankreich veröffentlichten Texten wird also den weitaus größeren Teil der Untersuchung einnehmen, während die Situation in Großbritannien hier herangezogen wird, um die durch das Vorhandensein einer relativ starken kommunistischen Bewegung mit eigener Presse besondere Situation in Frankreich in der Gegenüberstellung deutlicher herausarbeiten zu können.[16]

---

15 Zur Dichotomie von generalisierendem und individualisierendem historischen Vergleich siehe Hartmut Kaelble: Der historische Vergleich. Eine Einführung zum 19. und 20. Jahrhundert. Frankfurt am Main/New York 1999, S. 26–35.

16 Jürgen Kocka konstatiert die Asymmetrie vieler historischer Vergleiche als nicht intendiert, sieht aber gleichwohl Chancen bei entsprechendem Gebrauch der Methode. Anhand des Beispiels der These des deutschen »Sonderwegs« im Vergleich zu anderen europäischen Nationen zeigt er Möglichkeiten und Grenzen des asymmetrischen Vergleichs, Jürgen Kocka: Asymmetrical his-

1 Public Diplomacy und der »Königsweg durch die Hintertür«

Für die Westbeziehungen der DDR wurde vor allem auf die Arbeiten von Henning Hoff[17] und Hans-Georg Golz für Großbritannien zurückgegriffen, wobei Golz mit seiner Untersuchung der ostdeutsch-britischen Freundschaftsgesellschaften[18] auch viele Aspekte der DDR-Anerkennungspropaganda in den Blick nimmt. Für Frankreich wiederum sind die zahlreichen Studien zu einzelnen Aspekten des Verhältnisses zwischen Frankreich und der DDR[19] und vor allem seine umfassende Untersuchung der »anderen« deutsch-französischen Beziehungen[20] relevant.

Die benutzten Archivquellen stammen ausschließlich aus den Beständen der Stiftung Archiv der Parteien und Massenorganisationen der DDR im Bundesarchiv (SAPMO-BArch), wo sich die für die Bearbeitung des Themas wichtigen Akten des Politbüros und des ZK der SED und seiner Abteilungen, des Sekretariats des ZK, der Liga für Völkerfreundschaft und der Zentrag[21] befinden. Zentral ist der Bestand der Abteilung Auslandsinformation des ZK, die direkt für die Anleitung von Panorama zuständig war und deren Schriftgut nur unvollständig erhalten ist. Hier wie auch in den übrigen Beständen ist die Aktenlage allerdings relativ dünn; nur wenige Dokumente nehmen direkt Bezug auf »Panorama DDR«. Weitere Bestände des Bundesarchivs wie die Akten des Ministerrats der DDR oder des Außenhandelsministeriums oder auch der Bestand des Außenministeriums der DDR, der sich im Politischen Archiv des Auswärtigen Amts befindet, konnten hier nicht einbezogen werden. Da jedoch, wie Ulrich Pfeil allgemein für die Außenpolitik der DDR bemerkt, »die wichtigen Entscheidungen [...] in den Organen der Staatspartei getroffen«[22] wurden, und das in noch größerem Maß für die Auslandsinformation gilt, dürften die erfolgten »Tiefenbohrungen« in den berücksichtigten Aktenbestand ausreichen, um in den analytischen Grenzen dieser Arbeit zu genügend fundierten Aussagen über »Panorama DDR« zu

---

torical comparison: The case of the German »Sonderweg«. In: History and Theory 38 (1999), S. 40–51. Gerade bei zeitlich begrenzten Arbeiten wie Dissertationen sei die Methode oft die einzige Möglichkeit, überhaupt vergleichend arbeiten zu können, da hierdurch der Arbeitsaufwand beträchtlich reduziert werden könne. Allerdings müsse besonders darauf geachtet werden, »Oberflächlichkeiten« und »Verzerrungen« zu vermeiden, vgl. S. 49.

17 Henning Hoff: Großbritannien und die DDR 1955–1973: Diplomatie auf Umwegen. München u. a. 2003; Henning Hoff: Die Politik der DDR gegenüber Großbritannien 1949–1973. In: Arnd Bauerkämper (Hrsg.): Britain and the GDR: Relations and Perceptions in a divided World. Berlin u. a. 2002, S. 267–303.
18 Golz: Völkerfreundschaft.
19 So u. a. Ulrich Pfeil: »Comme un coup de tonnerre dans un ciel d'été«. Französische Reaktionen auf den 17. Juni 1953: Verlauf, Perzeptionen, Interpretationen. Berlin 2003.
20 Ulrich Pfeil: Die »anderen« deutsch-französischen Beziehungen. Die DDR und Frankreich 1949–1990. Köln u. a. 2004.
21 Die »Zentrale Druckerei-, Einkaufs- und Revisionsgesellschaft mbH«, später »Vereinigung organisationseigener Betriebe – Zentrale Druckerei- und Einkaufsgesellschaft« (VOB Zentrag) war ein Betrieb der SED, über den sich die Partei durch die weitgehende Monopolisierung der Druckkapazitäten (über rund 90 % verfügte die Zentrag) und der Papierzuteilungen sowie durch die Anleitung der Verlage eine umfassende Kontrolle des gesamten Publikationswesens sicherte, vgl. Gunter Holzweißig: Massenmedien in der DDR. Berlin 1989 (2. völlig überarb. Aufl.), S. 75. Sie folgte damit einem Konzept Lenins, der die Autarkie der Partei in der Ideologieproduktion gefordert hatte. Dementsprechend wurde die Zentrag direkt vom ZK der SED geleitet. Bei der Umstrukturierung von Panorama 1973 wurde die Agentur schließlich auch von der Zentrag übernommen, siehe unten, S. 28.
22 Pfeil: Beziehungen, S. 43.

kommen. Um die Geschichte der Agentur lückenlos und umfassend darstellen zu können, müsste – sofern noch vorhanden – die eigene interne Dokumentation von Panorama sowie des ADN bzw. der Zentrag herangezogen werden.

Als Referenzen für die konkrete Arbeit von Panorama bzw. der Auslandsinformation dienten in der Hauptsache französische Zeitungen und Zeitschriften vor allem der kommunistischen Presse wie »Démocratie Nouvelle« oder »France Nouvelle«, in Einzelfällen aber auch größere, aus DDR-Sicht »bürgerliche« Zeitungen wie »France Soir«, »Le Monde« und, für Großbritannien, die Londoner »Times«. Ein detaillierterer Blick soll auf eine Sonderausgabe der Zeitschrift »Démocratie Nouvelle« vom Dezember 1965 geworfen werden, an deren Beispiel die Inhalte des Panorama-Materials und damit das vermittelte DDR-Bild untersucht werden sollen.

2 Der Kontext: Die Agentur und die Westbeziehungen der DDR

2.1 »Panorama DDR« von der Gründung 1964 bis zur Umgestaltung 1973

Das Politbüro folgte am 7. Januar 1964 einer Vorlage der Arbeitsgruppe Auslandsinformation bei der Agitationskommission[1] mit Vorschlägen zu einer weiteren »Verbesserung« der Auslandsinformation, als es beschloss:

> »Durch den ADN, das MfAA und die Liga für Völkerfreundschaft sind Vorschläge für den Aufbau eines zentralen Artikeldienstes der DDR zur Belieferung der ausländischen Presse und der Publikationen der Auslandsvertretungen der DDR mit geeignetem Informationsmaterial über die Politik der DDR und ihre Errungenschaften auszuarbeiten. Die dafür benötigten Stellen und Finanzmittel sind bei den entsprechenden staatlichen Stellen zu beantragen.«[2]

Ein gutes halbes Jahr später, am 28. Juli 1964, kamen Repräsentanten von 14 Ministerien, Firmen, Verbänden und Massenorganisationen der DDR im Hotel Berolina in Ost-Berlin zusammen, um die Firma »Panorama DDR Auslandspressedienst GmbH« zu gründen. Beteiligt waren der Allgemeine Deutsche Nachrichtendienst (ADN), das Außenministerium (MfAA), das Ministerium für Außenhandel (MfAH), die Kammer für Außenhandel der DDR (KfA), die Liga für Völkerfreundschaft, das Reisebüro der DDR, die Inter-Werbung Außenhandelswerbegesellschaft mbH, der FDGB, der DFD, die FDJ, der Deutsche Schriftstellerverband (DSV), der Verband Deutscher Journalisten (VDJ), die Gesellschaft zur Verbreitung wissenschaftlicher Kenntnisse und Radio Berlin International (RBI). Als Stammkapital wurden 200 000 DM (Deutsche Mark der Deutschen Notenbank der DDR)[3] eingelegt, wovon der ADN 70 000 und die übrigen beteiligten Institutionen je 10 000 DM aufbrachten. Schon über die finanziellen Verhältnisse also war die enge Bindung von Panorama an den ADN ersichtlich.

Die Gründung des Auslandspressedienstes unter der Ägide des ADN war insofern konsequent, als dass die über ein Informationsmonopol verfügende[4] Nachrichtenagentur nicht nur für die nach innen gerichtete Agitation, sondern auch für die Propaganda für den Sozialismus und die DDR nach außen verantwortlich war. Das lag

---

1 Zum innerparteilichen, mit der Auslandsinformation befassten Apparat vgl. unten, Kapitel 3.1.
2 SAPMO-BArch, DY 30/J IV 2/2 A 1010, Protokoll Nr. 1/64 der Sitzung des Politbüros vom 7.1.1964, Anlage 3, S. 7.
3 Nur wenige Tage später, zum 1. August 1964, änderte sich die Bezeichnung der DDR-Währung in »Mark der Deutschen Notenbank der DDR« (MDN).
4 Vgl. Gunter Holzweißig: Die schärfste Waffe der Partei. Eine Mediengeschichte der DDR. Köln u. a. 2002, S. 32f.

in der kommunistischen Pressetheorie begründet, die eine Schaffung einer »Presse neuen Typs« im Parteiauftrag vorsah, wobei die Journalisten und anderen Mitarbeiter dieses Komplexes in erster Linie Parteifunktionäre sein sollten.[5] Zudem orientierte sich die SED hier am sowjetischen Vorbild: Bereits drei Jahre zuvor hatte in Moskau die Agentur »Novosti« unter ähnlichen Vorzeichen hinsichtlich Trägerschaft und Aufgabenstellung die Arbeit aufgenommen und mit einem Kooperationsvertrag mit der Belgrader Agentur Tanjug auch schon einen gewissen internationalen Erfolg verbuchen können.[6] Die Ausgliederung der Pressepropaganda für das Ausland aus dem ADN in eine eigene GmbH sollte wohl zudem den Vorteil bieten, dass die Hand der Partei bzw. des Staates nicht sofort sichtbar wurde. Außerdem war auch weder die Partei direkt noch ein Parteibetrieb wie etwa die Zentrag beteiligt. Eine gewisse Unabhängigkeit wurde damit vorgegaukelt, der Einfluss der SED aber schon allein über den ADN sichergestellt. Auch von den übrigen, ganz im Sinne des »demokratischen Zentralismus« beteiligten Institutionen waren zumindest die Massenorganisationen und die Ministerien fest in Parteihand. Der Erfolg dieser Tarn-Strategie ist jedoch zu bezweifeln, da die umfassende Macht der SED in der DDR auch im westlichen Ausland durchaus bekannt war. Im übrigen verzichtete die Partei trotz dieser institutionellen Umklammerung von Panorama nicht auf eine direkte, zentrale Anleitung, wie noch zu zeigen sein wird.

Schließlich sollte die neue Agentur auch die Liga für Völkerfreundschaft entlasten, die bisher die »Artikelpropaganda« im Ausland betrieben hatte, aber offenbar nicht genügend Kapazitäten dafür aufbringen konnte. So knüpfte die Liga an die Gründung von Panorama die Hoffnung, dass die »Artikelpropaganda wieder aktiviert und vor allen Dingen länderbezogen und qualifizierter durchgeführt«[7] werden könne. Noch bevor der Auslandspressedienst offiziell gegründet war, vereinbarte man eine enge Zusammenarbeit auf der Basis gegenseitiger Unterstützung.[8]

Im Gesellschaftervertrag, der unter der Aufsicht einer Notarin unterzeichnet wurde, hieß es unter § 3: »Zweck der Gesellschaft ist die Errichtung eines Auslandspressedienstes (fremdsprachige Verbreitung druckfertiger Presseartikel der verschiedensten Art über die DDR und über deutsche Probleme im gesamten Ausland).«[9] Konsequenterweise war Panorama auch nicht in der Bundesrepublik aktiv, da man sie nicht als Ausland betrachtete. Als Hauptgeschäftsführer bzw. Direktor wurde zunächst der Journalist Hellmuth Leonhardt und als Geschäftsführer die Journalisten Erich Römer und Karl Klenke sowie der Buchhalter Herwarth Brösicke eingesetzt. Dieser Personenkreis konnte – auch ohne Gesellschafterversammlung, wie der Vertrag ausdrücklich hervorhebt – alles beschließen, was die GmbH betraf, und der Hauptgeschäftsführer

---

5 Minholz/Stirnberg: Der ADN, S. 3.
6 Ebd., S. 10.
7 SAPMO-BArch, DY 13/3011a, Protokoll der Sitzung des Sekretariats der Liga für Völkerfreundschaft vom 17.7.1964, S. 1.
8 Ebd., S. 2.
9 SAPMO-BArch, DY 13/2666, Protokoll über die Gründung von Panorama DDR und Gesellschaftsvertrag – Abschrift, gesendet von Notarin Ingeburg Gentz an Willi Balz von der Liga für Völkerfreundschaft am 12.1.1965.

2.1 »Panorama DDR« von der Gründung 1964 bis zur Umgestaltung 1973

war zudem alleinvertretungsberechtigt. Eine SED-Mitgliedschaft der Geschäftsführer ist im Gründungsprotokoll zwar nicht erwähnt, aber zumindest für Leonhardt in anderen Dokumenten nachweisbar und bei den übrigen Geschäftsführern sehr wahrscheinlich. Bei allen späteren Personalveränderungen auf der Leitungsebene wurden immer nur Parteimitglieder eingesetzt. Es ist kaum anzunehmen, dass sich die SED auf einem so wichtigen Feld wie der Pressepropaganda im Ausland nicht der unbedingten Loyalität der dort Beschäftigten versichert hätte. Schließlich hatten die Medien in den staatssozialistischen Systemen nicht die Funktion, gesellschaftliche Information zu gewährleisten und öffentliche Kommunikation möglich zu machen, sondern waren vor allem dem Ideologietransfer verpflichtet: »Durch Presse und Funk spricht die Partei täglich zu Millionen von Menschen [...]. Presse und Funk sind das breiteste Forum für den ideologischen Kampf gegen feindliche Auffassungen und rückständige Meinungen«,[10] und ebendiese galt es auch im Ausland zu bekämpfen.

Weitergehende Ausführungen zu Aufgaben, Struktur und Arbeitsweise sind im Gründungsprotokoll nicht enthalten. Hinweise auf die ersten Erfahrungen des neuen Unternehmens finden sich in einem Bericht der Arbeitsgruppe Auslandsinformation an den »Beirat für Auslandinformation«[11] vom Oktober 1964. So waren seit dem 1. Oktober zehn von geplanten 13 Redaktionsstellen besetzt, inbegriffen die stellvertretenden Direktoren und ein Bildredakteur. Die Agentur hatte ihre Arbeit zunächst im Gebäude des ADN aufgenommen, der seit seiner Gründung im Oktober 1946 in der Mittelstraße in Berlin ansässig war,[12] später zog sie in die Wilhelm-Pieck-Str. 49 (heute Torstraße) um, wie aus der ab 1973 produzierten Informationsliteratur zu entnehmen ist. Der erste Arbeitsschwerpunkt von Panorama bestand in der publizistischen Begleitung des 15. Jahrestages der DDR am 7. Oktober 1964, in dessen Rahmen Übersichten und Leistungsberichte zu Außen- und Deutschlandpolitik und der inneren Entwicklung der DDR erstellt worden waren, darunter spezielle Artikel für kommunistische Parteizeitungen in West- und Nordeuropa.[13]

Wie in allen Bereichen der Zentralverwaltungswirtschaft gab es auch für die Textproduktion von Panorama einen Plan, der für das dritte Quartal 1964 mehr als 200 Themen vorgesehen hatte, was jedoch die Möglichkeiten »der noch unvollständig besetzten beiden Redaktionsabteilungen sowie die Kapazität der Übersetzung und Technik«[14] überstiegen hätte. Trotz der schwierigen Bedingungen hätte man 125 Artikel in 1 300 Exemplaren in insgesamt 50 Länder versandt, darunter viele westeuropäische Staaten, etwa England und Frankreich, aber auch »junge Nationalstaaten« wie Algerien, Indien und Kenia und natürlich in die staatssozialistischen Länder. Dabei

---

10 Fred Oelßner: Über die Verbesserung der Arbeit der Presse und des Rundfunks. Referat auf der 16. Tagung des Zentralkomitees der Sozialistischen Einheitspartei Deutschlands, 17. bis 19. September 1953. Berlin (Ost) 1953, S. 3.
11 Zu Zusammensetzung und Aufgaben dieser beiden Gremien siehe unten, Kapitel 3.1.
12 Peter Strunk: Zensur und Zensoren: Medienkontrolle und Propagandapolitik unter sowjetischer Besatzungsherrschaft in Deutschland. Berlin 1996, S. 125.
13 SAPMO-BArch, DY 30/IV A 2/21/4, Bestätigter Bericht vor dem Beirat für Auslandsinformation über die Tätigkeit von »Panorama DDR«, 10.11.1964, S. 1.
14 Ebd.

stelle man allerdings fest, dass die Praxis des »undifferenzierten Massenversandes« über die Auslandsvertretungen der DDR und die ADN-Korrespondenten weitgehend wirkungslos war, also offenbar kaum zu Veröffentlichungen des Materials in der Presse der jeweiligen Länder führte.

Zudem, so konstatierte der Bericht eine weitere Lehre aus den ersten Erfahrungen, müsse sich die Art der Texte ändern, denn Artikel mit »überwiegendem Agitationsgehalt« seien gar nicht absetzbar und mitunter sogar politisch schädlich. Stattdessen wären »sachlich-informatorische Darstellungen, lebendige Schilderungen und Reportagen« erfolgreicher, also politisch wirksam und möglicherweise sogar »devisenbringend«, wobei gerade für große Zeitungen in West- und Nordeuropa nicht die Übersendung von fertigen Artikeln, sondern eher von »Rohmaterialien für die eigene Bearbeitung« zielführend sei. In westlichen Ländern hatte man außerdem die Erfahrung gemacht, dass ein direktes Anbieten der Texte erfolglos geblieben war – hier hatten die Adressaten wohl die »Tarnung« von Panorama als unabhängige Firma schnell durchschaut. Stattdessen sollten persönliche Beziehungen zu »bürgerlichen Journalisten« aufgebaut und diese dann als Mittelsmänner genutzt werden. Trotz dieser Befunde und der Erkenntnis, dass »das Eindringen in die bürgerliche Presse West- und Nordeuropas [...], wie erwartet, sehr schwierig« war, hatte man bei Panorama ehrgeizige Pläne: »Ziel muß sein, bereits im II. Quartal 1965 auch solchen Illustrierten, wie ›Life‹ und ›Paris Match‹ u. a. Farbbildreportagen anzubieten.«[15]

Die Übersetzungskapazitäten wurden als quantitativ und qualitativ ungenügend bezeichnet; vor allem »Intertext«, der zentrale Fremdsprachendienst der DDR, hatte offensichtlich fehlerhafte Übersetzungen geliefert und überdies Liefertermine nicht eingehalten. Der Bericht schlug deshalb zur besseren Kontrolle ein Endlektorat durch Muttersprachler und eine bessere Fremdsprachenausbildung der Mitarbeiter vor. Die weitere sprachliche, thematische und auch politische Qualifizierung der Panorama-Mitarbeiter wurde dann auch als eine der mittelfristigen Hauptaufgaben von Leitung und Parteigruppe angeführt. Der richtige ideologische Standpunkt hatte hierbei oberste Priorität: »Die Leitung muß mit Hilfe der Parteigruppe sichern, daß sehr rasch ein ideologisch gefestigtes Arbeitskollektiv mit klarer Orientierung für die Notwendigkeiten der Auslandsinformation entsteht. Sie muß eine rationelle Arbeitsorganisation gewährleisten.«[16]

Hinsichtlich des Plans schlug Panorama eine reduzierte Artikelmenge bei einer gleichzeitigen stärkeren Differenzierung nach Ländern und mehr aktuellem Bezug vor, wobei »Feature-Charakter und sensationelle Darlegung [...] für die Mehrheit aller Beiträge unbedingt angestrebt werden [sollte]«[17]. Die Artikel sollten dabei maximal drei Seiten lang und möglichst bebildert sein. Die »Errungenschaften« der DDR und das Alltagsleben ihrer Bürger, die »Entlarvung« der Politik der Bundesrepublik und das »Neue« in Kunst, Kultur und Wissenschaft müssten die Hauptthemen bilden.

---

15 SAPMO-BArch, DY 30/IV/A 2/21/4, Bestätigter Bericht, S. 4.
16 Ebd., S. 5.
17 Ebd., S. 6.

Kurzfristig wollte man sich auf die stärkere Propagierung des »Neuen ökonomischen Systems der Planung und Leitung« (NÖSPL) konzentrieren sowie mehr über die Beziehungen zu den »jungen Nationalstaaten«[18] und die Helferrolle der DDR bei deren »Kampf gegen den Neokolonialismus« berichten. Der Bericht schließt mit verschiedenen Empfehlungen des Beirats für Auslandsinformation für die weitere Ausgestaltung der Agentur, darunter auch die Mahnung an die mit dem Ausland befassten Abteilungen der an Panorama beteiligten Institutionen, die Zusammenarbeit zu intensivieren.

Die Agentur war zwar direkt dem ADN unterstellt, die politische Anleitung ihrer Tätigkeit erfolgte jedoch zentral durch die Partei. Bei als besonders wichtig erachteten Fragen kamen die Anweisungen direkt vom Politbüro, in der Regel jedoch war die Abteilung Auslandsinformation des ZK verantwortlich. Hier wurden Gesamtkonzepte für die Auslandspropaganda erstellt und so der Einsatz der verschiedenen Institutionen koordiniert. Ein solches Konzept findet sich etwa für die »auslandinformatorische« Begleitung des ersten, letztlich nicht erfolgreichen Antrags der DDR auf Mitgliedschaft in der UNO von 1966. Hier ist detailliert aufgelistet, was z. B. das MfAA, die Liga für Völkerfreundschaft und die Massenorganisationen zu tun hatten, also entsprechende Veranstaltungen zu organisieren, Interviews zu geben etc. Die Aufgabe von Panorama war es, »eine Reihe von differenzierenden Artikeln, Kommentaren und Interviews von und mit Politikern, Völkerrechtlern und Wissenschaftlern der DDR [zu verfassen], die über den Inhalt des Antrages und seiner politischen [sic] Notwendigkeit Auskunft geben.«[19] Auch der »Beirat für Auslandsinformation« griff hin und wieder direkt in die Textproduktion bei Panorama ein, wenn es z. B. um eine gewünschte stärkere Präsenz eines bestimmten Themenkomplexes in der Auslandspropaganda ging. So wurde im März 1966 die Themenplanung von Panorama vom Beirat geändert, da man die kulturelle Entwicklung der DDR im Ausland stärker betonen wollte, etwa mit Titeln wie »Künstler der DDR im Kampf für den Frieden« oder »Die Rolle von Kunst und Literatur bei der Gestaltung des sozialistischen Menschen«. Alle am Kulturaustausch beteiligten Institutionen wurden zudem verpflichtet, Panorama auf Wunsch mit der Benennung von geeigneten Autoren und mit Informationsmaterial unter die Arme zu greifen.[20]

Das Politbüro wurde in unregelmäßigen Abständen über die Arbeit von Panorama informiert, wie etwa in einem Bericht der Arbeitsgruppe Auslandsinformation bei der Agitationskommission[21] vom November 1965. Werner Lamberz, der Leiter der Arbeitsgruppe, berichtete im Rahmen einer umfangreichen Darstellung der »Entwicklung der Auslandsinformation seit dem VI. Parteitag der SED« dem Politbüro:

---

18 Zur Bedeutung dieser aus ehemaligen Kolonien neugebildeten souveränen Staaten für die Außenpolitik der DDR vgl. unten, S. 47.
19 SAPMO-BArch, DY 30/IV/A 2/21/8, Plan für die ersten auslandsinformatorischen Maßnahmen im Zusammenhang mit der Antragstellung der DDR auf Mitgliedschaft in der UNO, 25.2.1966, S. 8.
20 SAPMO-BArch, DY 30/IV/A 2/21/8, Die kulturelle Entwicklung der DDR in der Auslandsinformation, Vorlage für den Beirat für Auslandsinformation, 25.3.1966, S. 15f.
21 Ab März 1967 erhielt die Arbeitsgruppe auf einen Sekretariatsbeschluss hin den Status einer Abteilung des ZK.

»Bewährt hat sich auch die vor einem Jahr begonnene Tätigkeit des neu gegründeten Auslandspressedienstes ›Panorama DDR‹. Durch die über ›Panorama‹ organisierte zielgerichtete Artikelbelieferung zentraler und bezirklicher Presseorgane des Auslandes wurden neue Publikationsmöglichkeiten für die DDR eröffnet und interessante Ergebnisse ihrer Entwicklung auf den verschiedensten Gebieten breiten Kreisen ausländischer Bürger vermittelt. Nachweisbar wurden bisher ›Panorama‹-Veröffentlichungen in 34 Ländern festgestellt.«[22]

Zwar wurden in solchen Arbeitsberichten durchaus auch Probleme thematisiert, die grundlegende, von der Partei festgelegte Linie für die Auslandspropaganda wurde aber nicht in Frage gestellt. Wie das Beispiel zeigt, neigte man außerdem dazu, die Informationen so zu formulieren, dass hauptsächlich Erfolge herauszulesen waren – dabei erfährt der Leser hier noch nicht einmal, um welche Länder es sich hier handelte und von welchem Umfang und in welchen Medien die Veröffentlichungen waren.

Im Frühjahr 1966 bestand die Panorama-Belegschaft aus 38 Mitarbeitern, von denen zwölf in der Redaktion und sechs im Lektorat arbeiteten. Fünf weitere Planstellen sollten hinzukommen, die jedoch aufgrund der räumlichen Enge kaum zu besetzen waren.[23] Panorama arbeitete hier vermutlich noch im Gebäude des ADN und verfügte nicht über genug Büroräume. Auch die technische Ausstattung ließ offensichtlich zu wünschen übrig, denn der dringende Bedarf an weiteren Schreibmaschinen, einem Vervielfältigungsgerät und weiteren Materialien wurde angemahnt.[24] Hinsichtlich der Qualifikation der Mitarbeiter stellte man sich selbst ein gutes Zeugnis aus: Die konsequente Spezialisierung von Redakteuren auf Länder- und Themenbereiche habe sich bewährt, und auch die Sprachkenntnisse seien soweit vorangeschritten, dass die Redakteure nun selbst die jeweilige ausländische Presse lesen könnten und dafür nicht mehr auf die Lektoren angewiesen seien. Probleme gab es hier jedoch noch mit den »Kadern« in der Redaktion, die mehrheitlich nicht über einen genügenden Ausbildungsstand verfügten, um ihrer Aufgabe, der politisch-ideologischen Überwachung der Textproduktion, adäquat nachkommen zu können.[25] Auch im Lektorat gab es Verbesserungsbedarf, da hier noch kein Muttersprachler fest angestellt war, so dass für die Qualitätskontrolle des erstellten Materials auf freiberufliche Muttersprachler zurückgegriffen werden musste.

In den ersten eineinhalb Jahren des Bestehens von Panorama habe man rund 1 000 Artikel in einer Auflage von fast 9 000 Exemplaren in insgesamt 64 Länder versandt, wobei 800 Veröffentlichungen nachgewiesen werden konnten, unter anderem in 15 »kapitalistischen« Ländern (darunter auch Frankreich und Großbritannien). Die Zahl der Sprachen war von sechs (Ende 1964) auf zwölf verdoppelt worden. Rund 90 % des Materials wurde von freiberuflichen Autoren geliefert. Allein 1965 schrieben 315 Externe für Panorama, etwa 100 von ihnen mehrere Beiträge. Die Qualität, die die Au-

---

22 SAPMO-BArch, DY 30/J IV 2/2 A 1123, Protokoll Nr. 43/65 der Sitzung des Politbüros vom 9.11.1965.
23 SAPMO-BArch, DY 30/IV/A 2/21/8, »Panorama DDR«: Stand und Hauptprobleme der Artikelarbeit nach dem Ausland (Vorlage für den Beirat für Auslandsinformation), 24.3.1966, S. 13.
24 SAPMO-BArch, DY 30/IV/A 2/21/8, »Panorama DDR«: Perspektivplan bis 1970, 16.3.1966, S. 16.
25 SAPMO-BArch, DY 30/IV/A 2/21/8, Stand und Hauptprobleme, S. 13.

toren lieferten, war jedoch nicht immer zufriedenstellend, was nicht näher ausgeführt wird, aber vermutlich sowohl politisch-ideologisch als auch stilistisch zu verstehen ist. Denn es wird vorgeschlagen, mehr »im Ausland bekannte Persönlichkeiten aus Politik, Wirtschaft und bestimmten Fachgebieten, gute Journalisten mit Auslandserfahrung [und] geeignete Ausländer«[26] als Autoren zu gewinnen. Entsprechende Bemühungen von Panorama waren allerdings weitgehend ohne Erfolg geblieben, da die entsprechenden Personen, wie etwa Mitarbeiter von staatlichen Stellen oder auch bekannte Journalisten, bei ihrer eigentlichen Tätigkeit in der Regel »zu stark eingespannt« waren. Nur das MfAA und einige Abteilungen des ADN stellten hier eine Ausnahme hinsichtlich ihrer Kooperationsbereitschaft dar. Interessant ist in diesem Zusammenhang auch, dass die Arbeit der Agentur offenbar durch die begrenzten Reisemöglichkeiten behindert wurde. Die »geeigneten Ausländer«, die man als Autoren verpflichten wollte, waren nämlich nicht zwingend Menschen anderer Nationalität, sondern, wie im Bericht näher erläutert, »Politiker, Wirtschaftler, Künstler, Wissenschaftler und Journalisten, die häufig in das Ausland fahren.«[27] Um deren Auslandserfahrung nutzen zu können, bat Panorama das MfAA um Übersichten über Auslandsreisen dieser Personen, um direkt bei ihnen anfragen zu können.

Bei der Verbreitung der Artikel beschritt Panorama verschiedene Wege. Neben den offiziellen Auslandsvertretungen der DDR und den ADN-Korrespondenten setzte man nun auch verstärkt auf andere Presseagenturen, vor allem in den staatssozialistischen Ländern. In der Sowjetunion wurde das Panorama-Material von »Novosti« verbreitet; zudem begann Panorama, mit den entsprechenden Agenturen[28] anderer Ostblockländer zusammenzuarbeiten. Diese zunächst nur abgesprochenen Kooperationsvereinbarungen beruhten meist auf Gegenseitigkeit, so dass Panorama die Artikel der jeweiligen Partneragenturen der DDR-Presse anbot. Panorama versuchte, Verträge mit diesen Agenturen zu schließen, um über eine »stabile, schriftlich fixierte« Grundlage für die Veröffentlichung des eigenen Materials in den staatssozialistischen Ländern zu verfügen. Der erste Vertrag dieser Art war im Februar 1966 mit »Novosti« zustande gekommen.[29]

Weit schwieriger gestaltete sich die Verbreitung des Materials im westlichen Ausland, wo Panorama nur sehr vereinzelt Veröffentlichungen erzielte. Hier wollte man von einer Verteilung über den ADN weg, weil eine solche Kooperation »unzweckmäßig« sei; vermutlich vor allem weil so die intendierte »Tarnung« des Materials als nichtstaatlich wieder zunichte gemacht wurde. Um das zu ändern, versuchte man, eigene Vertreter in den wichtigsten [30] westlichen Ländern einzusetzen. Das sollten

---

26 SAPMO-BArch, DY 30/IV/A 2/21/8, Stand und Hauptprobleme, S. 14.
27 Ebd., S. 15.
28 So z. B. »Pragopress« in der ČSSR, »Centropress« in Ungarn und »AR-Press« in Polen. Auch mit der jugoslawischen Agentur »Tanjug« hatte Panorama seit Ende 1965 die Zusammenarbeit aufgenommen.
29 SAPMO-BArch, DY 30/IV/A 2/21/8, Stand und Hauptprobleme, S. 3.
30 Westliche »Schwerpunktländer« der DDR-Außenpolitik waren Mitte der 1960er Jahre: Frankreich, Großbritannien, Schweden, Finnland, Italien, Österreich, Griechenland, Zypern und Japan, s. SAPMO-BArch, DY 30/IV/A 2/21/8, Perspektivplan, S. 9. Gerade auf das neutrale

»fortschrittliche« einheimische Journalisten sein, die zunächst auf nebenberuflicher Basis für Panorama arbeiten sollten. Ihre Aufgabe bestand vor allem im Aufbau von direkten Kontakten zu Zeitungen und Zeitschriften, um über diesen Weg eine Veröffentlichung des Panorama-Materials zu ermöglichen. Darüber hinaus sollten sie die Texte gegebenenfalls dem jeweiligen Pressemarkt anpassen und diesen detailliert beobachten, um Themenanregungen nach Berlin schicken zu können. Ein solcher Mitarbeiter musste »eine positive Grundhaltung zur DDR und die persönliche Identifikation mit dem Inhalt des Materials, das er verbreiten soll«[31] mitbringen. Anfang 1966 waren Auslandsvertreter in Frankreich, Italien, der VAR (Ägypten) und dem Libanon tätig, wobei der italienische Mitarbeiter, ein ehemaliger RBI-Mann, offenbar recht erfolgreich war, so dass ein Festgehalt und erfolgsbezogene Prämien in Erwägung gezogen wurden. In den folgenden vier Jahren waren acht weitere solcher Stellen geplant, unter anderem in Großbritannien, Italien, Schweden und sogar den USA.[32] Diese Vertriebsstruktur mit eigenen Mitarbeitern vor Ort sollte auch in den »jungen Nationalstaaten« aufgebaut werden. Dort gab es zwar bereits einige offizielle Vertretungen, weil diplomatische Beziehungen unterhalten wurden. Aber die Arbeit der jeweiligen Presseattachés war oft nicht zufriedenstellend.[33]

Zunehmend versuchte Panorama auch, die eigenen Texte attraktiver zu machen, indem Honorarforderungen gestellt wurden. Zwar wurde der »politische Erfolg« als vorrangig vor einer eventuellen Bezahlung eingestuft, aber vor allem im westlichen Ausland sollte mehr und mehr kommerziell gearbeitet werden. Vermutlich versprach man sich davon mehr Interesse am eigenen Material und eine höhere Akzeptanz von Panorama als gleichwertig zu westlichen Nachrichtenagenturen.[34]

Als unzureichend wurde die Marktforschung bezeichnet, die man bis dahin vor allem über die eigenen, wenigen Vertreter im Ausland und über die Informationspublikationen des ADN zu den jeweiligen Pressemärkten betrieb. Die Analyse des Pressemarktes in über sechzig Ländern überstieg die Möglichkeiten der Agentur bei weitem, zumal bei den spezifischen Vertriebswegen eine lückenlose Rückverfolgung des Materials schlechterdings unmöglich war. Um dieser unzureichenden Situation zu begegnen, wurde eine Kooperation mit wissenschaftlichen Einrichtungen wie etwa journalistischen Fakultäten an den Universitäten oder dem (geplanten) Institut für Auslandsinformation vorgeschlagen. Diese sollten Analysen zur Pressesituation besonders in den Schwerpunktländern der DDR-Außenpolitik erstellen. Die »besten«

Schweden richtete die DDR besondere Anstrengungen bei ihren Bemühungen um diplomatische Anerkennung. So wurde von dem Land schon als »einem zentralen Schauplatz des deutsch-deutschen Konkurrenzkampfes« gesprochen, vgl. Michael Muschik: Die beiden deutschen Staaten und das neutrale Schweden. Eine Dreiecksbeziehung im Schatten der offenen Deutschlandfrage 1949–1972. Münster u. a. 2005, S. 274.
31 SAPMO-BArch, DY 30/IV/A 2/21/8, Perspektivplan, S. 11.
32 Ebd.
33 SAPMO-BArch, DY 30/IV/A 2/21/8, Stand und Hauptprobleme, S. 6.
34 SAPMO-BArch, DY 30/IV/A 2/21/8, Perspektivplan, S. 12.

Lektoren schließlich sollten aus dem Endlektorat herausgelöst und als eigene Marktforschungsgruppe bei der Redaktion angesiedelt werden.[35]

Inwieweit die ehrgeizigen Pläne zur weiteren Entwicklung des Auslandspressedienstes verwirklicht werden konnten, ist im einzelnen schwer nachzuvollziehen. Basierend auf der Aktenlage in den folgenden Jahren ist jedoch davon auszugehen, dass die Agentur die hohen Erwartungen, die an ihre Arbeit geknüpft wurden, nicht erfüllen konnte und so mit der Zeit zunehmend aus dem Blickfeld der leitenden Stellen der Auslandsinformation geriet. Im Januar 1967 wurde auf Initiative des ADN der bisherige Hauptgeschäftsführer Hellmuth Leonhardt durch den ehemaligen ADN-Mitarbeiter Kurt Hanke ersetzt.[36] Leonhardt hatte angeblich aus »gesundheitlichen Gründen« auf eigenen Wunsch um seine Abberufung gebeten. Über die Hintergründe dieses Personalwechsels lässt sich nur spekulieren; möglicherweise haben politische Gründe eine Rolle gespielt, denn in solchen Fällen wurden Personalveränderungen oft mit gesundheitlichen Problemen der Abgesetzten begründet.[37] Ab Ende der 1970er Jahre allerdings war Leonhardt stellvertretender Chefredakteur des Bereiches Ausland beim ADN und von 1981 bis 1984 sogar Korrespondent in Wien,[38] ein Posten, der kaum an einen politisch unzuverlässigen Parteifunktionär vergeben worden wäre. Schließlich »überlebte« er gar die Wiedervereinigung und die Umwandlung des ADN in ein privates Unternehmen: 1991 zeichnete er als »Leiter Marketing« verantwortlich.[39]

Zweimal noch wurde in den Jahren bis 1973 über die Tätigkeit von Panorama dem Politbüro berichtet, einmal 1969, als die Agentur im Rahmen einer Kampagne gegen die »Bonner Provokation in Westberlin«[40] spezielle Artikel versandt hatte, und einmal 1972 etwas umfangreicher, als Panorama auf der Pariser Messe zusammen mit anderen Institutionen der Auslandsinformation präsent war. Im Dezember 1972 schließlich, als die DDR ihre außenpolitische Isolierung im Westen durchbrochen hatte und die Aufnahme diplomatischer Beziehungen mit vielen westlichen Staaten bevorstand, erfolgte auf einen Beschluss des Sekretariats des ZK hin – im Zuge der Umgestaltung der Auslandsinformation[41] – eine komplette Reorganisation von »Panorama DDR«. Die Agentur wurde mit der Berliner Außenstelle des Verlags »Zeit im Bild« vereinigt, hinzu kam noch die Redaktion »aktuell«, die spezielle Informationsmaterialien für DDR-Besucher aus der Bundesrepublik und West-Berlin herausgab und bis dahin zum »Institut für Internationale Politik und Wirtschaft« gehört hatte. Diese neu entstandene Redaktion wurde – unter Aufhebung des Politbürobeschlusses vom Janu-

---

35 SAPMO-BArch, DY 30/IV/A 2/21/8, Stand und Hauptprobleme, S. 15.
36 SAPMO-BArch, DY 13/2666, Zustimmungserklärung des Generalsekretärs der Liga für Völkerfreundschaft zum Wechsel des Hauptgeschäftsführers von »Panorama DDR«, Schreiben an Notarin Ingeburg Gentz, 30.3.1967.
37 Man denke etwa an Walter Ulbricht, der seinen erzwungenen Rücktritt von seiner Funktion als Erster Sekretär des ZK am 3. Mai 1971 ebenfalls »aus gesundheitlichen Gründen« erklärte.
38 Minholz/Stirnberg: Der ADN, S. 417.
39 Ebd., S. 370.
40 SAPMO-BArch, DY 30/J IV 2/2 J 2524, Information über bisher im nichtsozialistischen Ausland erzielten [sic] Ergebnisse auslandsinformatorischer Maßnahmen gegen die westdeutsche Provokation in Westberlin, 3.3.1969, S. 1.
41 Vgl. unten, S. 56.

ar 1964, der den ADN als für Panorama verantwortlich genannt hatte – dem Verlag »Zeit im Bild« unterstellt. Die politische Anleitung erfolgte nun auch offiziell durch die Abteilung Auslandsinformation des ZK sowie, bei Materialien für die Bundesrepublik und West-Berlin, auch durch die Westabteilung des ZK. Damit verbunden waren auch Einsparungen durch die Zusammenlegung vorher doppelt vorhandener Strukturen, wie z. B. Versand und Buchhaltung, wobei Panorama weiterhin aus dem Staatshaushalt finanziert wurde. Als verantwortlich für die Finanzierung zeichnete die Abteilung Finanzverwaltung und Parteibetriebe des ZK, ein weiteres Beispiel für die bedingungslose Unterordnung des Staats unter die Partei.[42]

Im Zuge der Umstrukturierung wurde Kurt Hanke zum 1. Februar 1973 auf Beschluss des Sekretariats des ZK als Direktor von Panorama abgelöst. Ihm folgte Alfred Heil, der vorher in der Leitung von Agitation und Propaganda des Deutschen Turn- und Sportbundes (DTSB) tätig gewesen war.[43] Heil war ebenfalls Mitglied der SED und leitete Panorama bis 1987, als er – »auf eigenen Wunsch aus gesundheitlichen Gründen«[44] – von Friedrich-Karl Boetzel abgelöst wurde. Die Reorganisation veränderte auch die Besitzverhältnisse der GmbH: Die Gesellschafteranteile wurden mittels eines zinslosen Darlehens der Zentrag von Karl Raab, dem Leiter der Abteilung Finanzverwaltung und Parteibetriebe des ZK der SED aufgekauft. Von den insgesamt 200 000 Mark Stammkapital trat er nominell je 50 000 an Werner Würzberger, seinen Stellvertreter, und Paul Kubach, den Generaldirektor der Zentrag ab. Heil wurde als neuer Hauptgeschäftsführer benannt und die bisherigen Geschäftsführer Hanke, Klenke, Brösicke und Römer wurden abberufen.[45] Dadurch war die Agentur in den Besitz der Zentrag und damit der SED übergegangen.

Die künftige Aufgabe von Panorama war es – neben der Fortführung der bisherigen Auslandspressearbeit[46] – in loser Folge Informationsliteratur, meist in Form von Broschüren, über die DDR herauszugeben. Die Reihen »Aus erster Hand«[47], »visite«

---

42 SAPMO-BArch, DY 30/J IV 2/3 1953, Protokoll Nr. 130/72 der Sitzung des Sekretariats des ZK der SED vom 19.12.1972, Anlage 5, S. 3.
43 SAPMO-BArch, DY 30/J IV 2/3 1964, Protokoll Nr. 9/73 der Sitzung des Sekretariats des ZK der SED vom 24.1.1973, S. 6.
44 SAPMO-BArch, DY 30/J IV 2/3 4126, Protokoll Nr. 67/87 der Sitzung des Sekretariats des ZK der SED vom 22.6.1987, S. 2.
45 SAPMO-BArch, DY 63/3549, Notarielles Protokoll der Gesellschafterversammlung von »Panorama DDR« vom 10.7.1974.
46 SAPMO-BArch, DY 30/J IV 2/2A 2046, Protokoll Nr. 8/77 der Sitzung des Politbüros vom 22.2.1977, Vorlage der Abteilung Auslandsinformation zum Stand der Öffentlichkeitsarbeit der DDR im nichtsozialistischen Ausland, S. 1.
47 In dieser Reihe sollten jährlich Broschüren im Umfang von insgesamt rund 100 Druckseiten erscheinen. Sie stellten verschiedene Aspekte des gesellschaftlichen Lebens und des politischen Systems der DDR sowie die Politik der SED und deren vermeintlich demokratische Legitimation dar, wie z. B.: Panorama DDR, Redaktion »Aus erster Hand« (Hrsg.): Wissenschaft zum Nutzen des Volkes. Eine Information aus der DDR. Berlin (Ost) 1974; Panorama DDR, Redaktion »Aus erster Hand« (Hrsg.): Wie leben und arbeiten die Bauern in der DDR. Fakten, Informationen und Zahlen über die sozialistische Landwirtschaft. Berlin (Ost) 1976; Panorama DDR, Redaktion »Aus erster Hand« (Hrsg.): Was haben die Gewerkschaften zu sagen? Informationen aus der Deutschen Demokratischen Republik. Berlin (Ost) 1986.

2.1 »Panorama DDR« von der Gründung 1964 bis zur Umgestaltung 1973

sowie »Aktuelle Antwort« etwa waren speziell für westdeutsche Besucher konzipiert worden. Diese Agitationsschriften waren

> »konsequent auf die Selbstdarstellung der sozialistischen DDR – ihrer inneren Entwicklung und ihrer Außenpolitik – zu orientieren. In interessanter Weise ist die Überlegenheit der sozialistischen Gesellschaftsordnung über den Kapitalismus nachzuweisen und insbesondere sichtbar zu machen, daß das Wohl des Menschen, vor allem der Arbeiterklasse, oberstes Ziel allen Tuns und Handelns von Partei, Regierung und Gesellschaft ist. Die Publikationen müssen dazu beitragen, Schritt um Schritt antikommunistische Vorbehalte abzubauen.«[48]

Nach der Aufnahme diplomatischer Beziehungen mit den meisten westlichen Staaten war das Primärziel der Auslandsinformation nicht mehr der Kampf um die Anerkennung der Staatlichkeit der DDR. Die Auslandspropagandisten sahen sich mit neuen Aufgaben konfrontiert: Der Versuch, die westlichen Gesellschaften im sozialistischen Sinn zu beeinflussen stand wieder im Vordergrund, weil man unter den Vorzeichen der Entspannungspolitik und nach der Unterzeichnung der Schlussakte der KSZE in Helsinki 1975 nun umgekehrt einen stärkeren Einfluss westlicher Vorstellungen auf die DDR-Gesellschaft befürchtete. In dieser Situation des »verschärften ideologischen Klassenkampfes« und der befürchteten Zunahme von »ideologischer Diversion« weitete z. B. das Ministerium für Staatssicherheit (MfS) seine nach innen gerichteten Kontrollmechanismen drastisch aus, wurde gar zum »entscheidenden Garanten innenpolitischer Stabilität unter den Bedingungen der Entspannungspolitik.«[49]

Die fortan unter dem Namen »Panorama DDR« herausgegebene Informationsliteratur hatte man bisher vor allem für Bürger der Bundesrepublik produziert. Jetzt sollten Teile davon zusätzlich in Fremdsprachen herausgegeben und neben dem Verkauf an Touristen in der DDR auch an interessierte Einzelpersonen im »nichtsozialistischen Wirtschaftsgebiet« versandt werden. Somit arbeitete Panorama nun erstmals auch für den bundesdeutschen Markt, während die Auslandskontakte der Agentur aus der Zeit vor 1973 nun wiederum für den Vertrieb von vorher für westdeutsche DDR-Besucher produziertes Material genutzt wurden.

»Panorama DDR« bestand unter diesen neuen Vorzeichen bis 1990 und dürfte gemeinsam mit der Zentrag abgewickelt worden sein; Studien hierzu fehlen bislang. Im Vorfeld der Volkskammerwahlen vom März 1990 publizierte die Agentur eine Broschüre, in der sich die wichtigsten, zur Wahl antretenden Parteien und Gruppen vorstellten, darunter das »Neue Forum«, »Demokratie jetzt« und »Demokratischer Aufbruch«, aber auch die ehemaligen Blockparteien CDU, DBD und LDPD, sowie die bereits in PDS umbenannte SED.[50] Die Redaktion war entweder personell grundlegend verändert worden oder hatte eine erstaunliche ideologische Kehrtwendung vollzogen, denn zu den Wahlen bemerkte die Broschüre: »In der Deutschen

---

48 SAPMO-BArch, DY 30/J IV 2/3 1953, ZK 130/1972, Konzeption zur weiteren Entwicklung der Agitationsschriften für Besucher aus der BRD und aus Westberlin, S. 1.
49 Jens Gieseke: Der Mielke-Konzern. Die Geschichte der Stasi 1945–1990. Stuttgart/München 2001, S. 84.
50 Panorama DDR, Redaktion »Aus erster Hand« (Hrsg.): Was wollen wir? Parteien und Bewegungen in der DDR. Berlin (Ost) 1990.

Demokratischen Republik finden die ersten freien Wahlen zur Volkskammer und zu den örtlichen Volksvertretungen statt«.[51]

2.2 Die DDR, Großbritannien und Frankreich vor 1973

Es waren vor allem zwei Faktoren, die den Spielraum für die Außenpolitik der DDR erheblich einschränkten: einerseits ihre nur begrenzte Souveränität, die sie ebenso wie die anderen Mitglieder der sozialistischen Staatengemeinschaft dazu zwang, außenpolitisch grundsätzlich im Fahrwasser der Führungsmacht Sowjetunion zu bleiben. In der Praxis bedeutete das eine nahezu vollständige Abhängigkeit von der sowjetischen Außenpolitik, die sich während der vier Jahrzehnte der Existenz der DDR nur in Nuancen unterschied. Als mit dem Aufstieg Michail Gorbatschows zum Staats- und Parteichef durch die Aufgabe der Breschnew-Doktrin im Gefüge der Reformen erstmals eine eigenständigere Außenpolitik möglich geworden wäre, befand sich der SED-Staat schon mitten in seiner Agonie.[52] Andererseits schränkte die Position des Westens gegenüber der DDR und deren eigene Haltung gegenüber dem »Klassenfeind« die Außenaktivitäten ebenfalls stark ein. Dieses Spannungsfeld, das mit der weitgehenden diplomatischen Anerkennung durch den Westen 1973 eher noch an Bedeutung gewann, wurde von Hermann Wentker treffend charakterisiert mit den Begriffen »Ostabhängigkeit und Westabgrenzung«[53] mit größerer Betonung auf die Konkurrenz mit der westlichen Welt; von Ulrich Pfeil als »östliche Abhängigkeiten« und »westliche Herausforderungen«[54] mit einem etwas stärkeren Fokus auf die Bemühungen, vom Westen als gleichberechtigt, als »echter Staat« anerkannt zu werden.[55]

Wenn auch der DDR für ihre Politik gegenüber den westlichen Staaten eine etwas größere Handlungsfreiheit attestiert wurde,[56] so gilt das sicherlich in erster Linie für die Zeit nach 1973. Vorher waren ihre außenpolitischen Bestrebungen in diese Richtung völlig bestimmt von dem Versuch, die diplomatische Isolierung im Westen, welche die Bundesrepublik mit ihrem von den Westmächten akzeptierten Alleinvertretungsanspruch[57] und der Hallstein-Doktrin geschaffen hatte, mit allen Mittel zu durchbrechen. Gerade die besondere Situation der Konkurrenz der beiden deut-

---

51 Panorama DDR, Redaktion »Aus erster Hand«: Parteien, S. 1.
52 Detlef Nakath: Grundzüge und Entwicklungsetappen der DDR-Außenpolitik. In: Daniel Küchenmeister/Detlef Nakath/Gerd R. Stephan (Hrsg.): ...abgegrenzte Weltoffenheit. Zur Außen- und Deutschlandpolitik der DDR. Potsdam 1999, S. 35.
53 Hermann Wentker: Die Außenpolitik der DDR. In: Neue Politische Literatur 3 (2001), S. 389.
54 Pfeil: Beziehungen, S. 22–26.
55 Zusammenfassend zu den außenpolitischen Handlungsspielräumen der DDR und ihrer Diskussion in der Forschung vgl. Joachim Scholtyseck: Die Außenpolitik der DDR. München 2003, S. 60–65.
56 So etwa Johannes L. Kuppe: Die DDR und die nichtsozialistische Welt. Ein Essay zur Außenpolitik der SED. In: Gisela Helwig (Hrsg.): Rückblicke auf die DDR. Festschrift für Ilse Spittmann-Rühle. Köln 1995, S. 176; für die Perspektive der 1980er Jahre vgl. Wilhelm Bruns: Die Außenpolitik der DDR. Berlin (West) 1985, S. 11.
57 Pfeil: Beziehungen, S. 61.

schen Staaten – nach Hans-Georg Golz der »Strukturdefekt der DDR-Westpolitik«[58] – hatte zur Folge, dass die außenpolitischen Aktionen Richtung Westen in erster Linie Deutschlandpolitik blieben. Denn die Führung der DDR versprach sich von einer völkerrechtlichen Anerkennung auch eine systemstabilisierende Wirkung nach innen, so etwa eine garantierte Nichteinmischung in innere Angelegenheiten durch allgemein anerkannte Außengrenzen und damit eine Legitimation der SED-Herrschaft vor allem gegenüber der Bundesrepublik.[59] Abgesehen von der Sowjetunion und zehn weiteren Staaten des sozialistischen Blocks, die alle kurz nach seiner Gründung diplomatische Beziehungen mit dem ostdeutschen Staat aufgenommen hatten, war die DDR nur von einigen neutralen und nicht paktgebundenen Staaten anerkannt worden.[60] Die Androhung der Bundesrepublik, die Beziehungen mit jedem Staat sofort abzubrechen, der die DDR anerkennen sollte, hatte ihre Wirkung nicht verfehlt. Erst mit der Aufgabe der Hallstein-Doktrin und der Neuen Ostpolitik der sozialliberalen Koalition ab Ende der 1960er Jahre konnte sich hieran etwas ändern: 1972 wurde die DDR in die UNESCO aufgenommen, ein Jahr später, zusammen mit der Bundesrepublik, auch in die UNO, und 1980/81 gehörte sie im Rotationsverfahren sogar dem UN-Sicherheitsrat an. Am Ende ihrer Existenz unterhielt sie offizielle Beziehungen zu 137 Staaten.[61]

Trotz ihrer Abhängigkeit von der Sowjetunion kann die DDR – zumindest in den letzten beiden Jahrzehnten ihres Bestehens – also durchaus als außenpolitisch erfolgreich angesehen werden. Dabei war gerade die Westpolitik vor den 1970er Jahren ein schwieriges Unterfangen für die herrschende SED. Da offizielle Kanäle fehlten, war die DDR, wollte sie nicht völlig von den westlichen Ländern isoliert sein, gezwungen, Beziehungen unterhalb der Regierungsebene aufzubauen, gewissermaßen »Diplomatie auf Umwegen« zu betreiben, wie es Henning Hoff formuliert hat.[62] Diese Beziehungen, deren versuchte Anbahnung auch als »Kryptodiplomatie«[63] bezeichnet wurde, waren politischer, wirtschaftlicher, kultureller und propagandistischer Natur, und sie hatten zunächst die Aufgabe, mittelfristig die diplomatische Anerkennung zu befördern. Auch in Großbritannien und Frankreich, deren Verhältnis zur DDR für diese Arbeit von besonderem Interesse ist, bemühte sich Ost-Berlin einen Fuß in die Tür zu bekommen, mit unterschiedlichem Erfolg.

Die DDR und Großbritannien

In Großbritannien, so konstatiert Marianne Howarth, hatte die DDR »während der gesamten Zeit ihrer kurzen Existenz [...] mit einem grundlegend und kontinuierlich

---

58 Golz: Völkerfreundschaft, S. 49.
59 Ebd., S. 50; Ulrich Pfeil: De la »théorie des deux états allemands« à la reconnaissance: Les relations franco-est-allemandes de 1958 à 1973. In: Revue d'Allemagne et des pays de langue allemande 34 (2002), S. 83f.
60 Golz: Völkerfreundschaft, S. 1.
61 Muth: DDR-Außenpolitik, S. 8.
62 Hoff: Diplomatie, S. 2.
63 Marcel Bulla 1988, zit. nach Golz: Völkerfreundschaft, S. 3.

negativen öffentlichen Image zu kämpfen. [...] Dieses Imagedefizit zu beseitigen war deshalb ein stetes Ziel der auf Großbritannien gerichteten DDR-Politik [...].«[64] Schon vor dem Mauerbau 1961, der das Ansehen der DDR in Großbritannien auf ein absolutes Tief sinken ließ, war die Ausgangslage für Annäherungsbestrebungen schwierig. Grundsätzlich sah man jenseits des Ärmelkanals die Regierung in Bonn als die demokratisch gewählte und somit einzig legitime Vertretung der Mehrheit der Deutschen an, während die Ost-Berliner Führung als Marionettenregime der Sowjets wahrgenommen wurde.[65] So hielten sich die verschiedenen britischen Regierungen konsequent an die Hallstein-Doktrin, bis 1973 gab es also keine diplomatischen Kontakte. Zwar unterstützte man in London offiziell die Bonner Wiedervereinigungspolitik, was man der Bundesrepublik nicht zuletzt als NATO-Verbündetem schuldig war, insgeheim jedoch dürfte die Teilung Deutschlands durchaus begrüßt worden sein, schien sie doch die Erhaltung des Status quo in Europa zu garantieren.

Handelsbeziehungen allerdings war man nicht abgeneigt, vor allem in den ersten Jahren nach dem Krieg, in denen die Wirtschaftslage in Großbritannien schlecht war und man deshalb Ausschau hielt nach potentiellen Handelspartnern. Für die DDR stellte sich die Situation in den frühen 1950er Jahren recht vielversprechend dar: Nicht nur wollte man über vertiefte Handelsbeziehungen Großbritannien mittelfristig zu einer de-facto-Anerkennung bewegen. Auch aus der seit dem Krieg eher deutschfeindlichen Einstellung weiter Teile der britischen Öffentlichkeit wollte man Kapital schlagen, indem man versuchte, die Bundesrepublik als den die Politik der Nationalsozialisten fortführenden, aggressiven und expansionistischen und sich selbst als den einzig friedlichen und »antifaschistischen«[66] deutschen Staat darzustellen. Zudem hoffte man anfangs noch auf eine britische und französische Bremse der europäischen Integrationsbestrebungen, da man eine wirtschaftliche und politische Hegemonialstellung der Bundesrepublik, des stärksten westeuropäischen Industriestaats, fürchtete.[67]

Von diesen Prämissen ausgehend entwickelten die Außenpolitiker in Ost-Berlin ab Mitte der 1950er Jahre eine Politik, die eine Annäherung an Großbritannien ermöglichen sollte. Auf verschiedenen Ebenen in Politik, Wirtschaft und Kultur wollte man systematisch Beziehungen aufbauen, um die britische Nichtanerkennungspolitik zu überwinden.[68] Schon ab 1955 gab es eine erste Propagandaoffensive, in deren Rahmen unter anderem Bücher und Zeitschriften an britische Bibliotheken und andere Adressaten geschickt wurden, wobei man als Absender eine neutrale Berliner Adresse angab, um die Herkunft des Materials zu verschleiern.[69] Eine Taktik, die später auch

---

64 Marianne Howarth: Freundschaft mit dem Klassenfeind. Die Imagepolitik der DDR in Großbritannien nach der diplomatischen Anerkennung. In: Deutschland Archiv 36 (2003), S. 25.
65 Golz: Völkerfreundschaft, S. 6.
66 Zur Bedeutung des Topos »Antifaschismus« als Staatsräson und Propagandainstrument der DDR vgl. Herfried Münkler: Antifaschismus als Gründungsmythos der DDR. Abgrenzungsinstrument nach Westen und Herrschaftsmittel nach innen. In: Manfred von Agethen/Eckhard Jesse/Ehrhart Neubert (Hrsg.): Der missbrauchte Antifaschismus. DDR-Staatsdoktrin und Lebenslüge der deutschen Linken. Freiburg im Breisgau 2002, S. 79–99.
67 Golz: Völkerfreundschaft, S. 83f.
68 Hoff: Politik, S. 268.
69 Golz: Völkerfreundschaft, S. 84.

mit »Panorama DDR« verfolgt wurde, aber kaum erfolgreich gewesen sein dürfte. Weiterhin organisierte man Ausstellungen, Buchpräsentationen und Konzerte. Hinzu kamen inoffizielle Besuche von britischen Politikern (hauptsächlich der Labour Party), Gewerkschaftern und Lehrern in der DDR.[70] Dieser »Polit-Tourismus«, der für die Westbeziehungen der DDR eine Besonderheit darstellte, sollte die Anerkennung der Staatlichkeit der DDR befördern helfen, so z. B. indem man positive Aussagen der Besucher über die »Errungenschaften des Sozialismus« medial nutzte, etwa in der Auslandspropaganda, oder auch deren Statements zur »Anerkennung der Realitäten«, die gegen die Blockadehaltung der Bundesrepublik das eigene deutschlandpolitische Konzept in den Vordergrund rücken sollte.[71] Diese Strategie schien auf den ersten Blick vielversprechend zu sein, zeigten sich doch einige Besucher durchaus positiv beeindruckt.[72] Der ehemalige britische Verteidigungsminister Emanuel Shinwell etwa bescheinigte der DDR ein »erstaunliches Maß an Meinungsfreiheit«, im Gegensatz zu dem Eindruck, der in England vorherrsche.[73] Eine Gruppe von Labour-Abgeordneten brachte 1959 sogar einen Antrag im Parlament ein, der eine vollständige Anerkennung der DDR forderte. Diesen Schritt hatte man schon ein Jahr zuvor im Zuge des Beginns der zweiten Berlin-Krise ernsthaft in Regierungs- und Oppositionskreisen diskutiert, dann letztlich aufgrund der offen gewaltbereiten sowjetischen Haltung aber doch verworfen.

Neben diesen propagandistischen Mitteln setzte man in der DDR auf den bilateralen Handel als wirksamstes Instrument, um eine Anerkennung zu erreichen. Ein erstes Handelsabkommen, das der DDR in Großbritannien eine marktführende Stellung bei der Belieferung mit Pottasche verschaffte, kam 1952/53 zustande, allerdings nicht auf staatlicher, sondern auf privater Ebene. Allgemein sollten solche Abkommen mit der DDR auf Weisung des britischen Außenministeriums immer privater Natur sein, um die Nichtanerkennungspolitik zu respektieren.[74] Aber auch der britische Arbeitgeberverband FBI (Federation of British Industry, später Confederation of British Industry, CBI) stand offiziellen Handelsvereinbarungen skeptisch gegenüber und lehnte sie bis 1957 ab.[75] In den folgenden Jahren begannen sich jedoch einige Unterhausabgeordnete aus eigenen kommerziellen Interessen um den Konservativen Burnaby Drayson, der mit seinem Export-Unternehmen auf der Leipziger Messe aktiv war, über die »Diskriminierung« von Firmen zu beschweren, die mit der DDR Handel treiben wollten. Sie schlossen sich dem »British Council for the Promotion of International Trade« an, das in Großbritannien als kommunistische Frontorganisati-

---

70 Golz: Völkerfreundschaft, S. 85.
71 Hoff: Politik, S. 274.
72 Dieses Konzept des »Andere über uns«, bei dem immer wieder vor allem Prominente aus dem westlichen Ausland für positive Äußerungen über die DDR gewonnen werden sollten, war eine bevorzugte Methode der DDR-Auslandspropaganda, vgl. unten, Kapitel 3.1.
73 Zit. nach Golz: Völkerfreundschaft, S. 86.
74 Marianne Howarth: KfA Ltd und Berolina Travel Ltd. Die DDR-Präsenz in Großbritannien vor und nach der diplomatischen Anerkennung. In: Deutschland Archiv 32 (1999), S. 593.
75 Hoff: Politik, S. 278.

on eingestuft wurde.[76] Die Regierung, die diese Entwicklung mit Sorge beobachtete, wollte zudem den Außenhandel allgemein ausweiten. So kam schließlich 1959 ein erster Handelsvertrag zwischen der FBI und der Kammer für Außenhandel der DDR (KfA), einer Abteilung, die im MfAH für den Westhandel zuständig war, mit einem Volumen von sieben Millionen Pfund zustande, der Großbritannien zu einem der größten Handelspartner der DDR in Westeuropa machte. Trotzdem sollte der Schein gewahrt werden und das Abkommen privat scheinen, daher die FBI und nicht das zuständige Ministerium als Vertragspartner.[77]

Dieses Abkommen bot der DDR erstmals die Möglichkeit, eine Handelsvertretung in London einzurichten: Die »KfA Ltd« entstand als private Firma im selben Jahr, als letzte einer Reihe von ähnlichen Einrichtungen in anderen europäischen Hauptstädten, die in den 1950er Jahren aufgebaut worden waren.[78] Zwar musste die KfA Ltd ein privates Unternehmen bleiben, ihre wirkliche Funktion wurde aber im Namenszusatz offenbar: »Official Representation of the Chamber of Foreign Trade of the German Democratic Republic«.[79] So konnten die ostdeutsch-britischen Import-/Export-Geschäfte nun auf quasioffizieller Ebene ausgehandelt werden. Das war ein kleiner Durchbruch in den Bemühungen der DDR, als Partner auf Augenhöhe akzeptiert zu werden, denn die wirtschaftlichen Beziehungen zu westlichen Staaten hatten politische Dimension.

Der Mauerbau 1961 ließ die Beziehungen jedoch wieder problematischer werden. Die DDR geriet politisch vollends in die Defensive; die Handelsbeziehungen allerdings konnten aufrechterhalten werden. Um dem negativen Image entgegenzuwirken, wurde in Ost-Berlin 1963 die »Deutsch-Britische Gesellschaft in der DDR«, kurz DEBRIG, unter dem Dach der Liga für Völkerfreundschaft gegründet. Unter Rückgriff auf die Mitarbeit ehemaliger Großbritannien-Emigranten wie Kurt Kann sollten die Beziehungen verbessert und vor allem besser koordiniert werden. Alle an den Beziehungen beteiligten Institutionen waren in der DEBRIG vertreten, Mitgliedschaften einzelner Personen waren – wie in der Liga für Völkerfreundschaft allgemein – nicht vorgesehen.[80] Eine breite Basis in der Bevölkerung war für die Beziehungen nicht erwünscht, da man Beeinflussungseffekte, die Einwirkung von »ideologischer Diversion« auf die DDR-Bevölkerung fürchtete. Rund zwei Jahre nach Gründung der DEBRIG wurde das britische Gegenstück ins Leben gerufen: die informelle Freundschaftsgesellschaft »British-Democratic Germany Exchange«, kurz BRIDGE. Die aktiv für eine Anerkennung der DDR eintretenden Personen, oft politische Aktivisten, die während des Krieges die Bekanntschaften mit deutschen Exil-KPD-Mitglieder oder Gewerkschaftsfunktionären gemacht hatten, bildeten den Kern dieser Organisation. Die BRIDGE blieb allerdings trotz vieler Aktivitäten in der Öffentlichkeit

---

76 Howarth: KfA Ltd, S. 593.
77 Ebd., S. 594.
78 Ebd.
79 Hoff: Politik, S. 281.
80 Ebd., S. 292.

relativ lose organisiert und bedeutungslos und konnte kaum über ihren eigenen Personenkreis hinaus mobilisieren, weshalb aus Ost-Berlin häufig Kritik kam.[81]
Allgemein standen die gesellschaftlichen Bedingungen in Großbritannien einer erfolgreichen Imagepolitik der DDR entgegen. Die klassischen »Ansprechpartner« in westlichen Ländern waren die kommunistischen Bruderparteien und die Gewerkschaften. Die Communist Party of Great Britain (CPGB) jedoch stellte für die SED alles andere als einen Wunschpartner dar. Ihr Gewicht war sowohl politisch als auch gesellschaftlich marginal. Sie war nicht in der britischen Arbeiterbewegung verankert, die vielmehr aus der spezifischen historischen Entwicklung Großbritanniens heraus parlamentarisch und konstitutionell geprägt war[82] und befand sich außerdem seit Anfang der 1960er Jahre im Niedergang,[83] einerseits wegen des Mauerbaus in Berlin, andererseits aufgrund des Aufkommens der Neuen Linken. In dieser Zeit dürfte die Partei zwischen 30 000 und 40 000 Mitglieder gehabt haben,[84] erheblich weniger als die französischen Kommunisten. Zudem wurden die ohnehin nicht guten Beziehungen zwischen SED und CPGB immer schlechter, da die Briten den Mauerbau kritisierten, die sowjetische Hegemonie offen in Frage stellten und auch die unter dem Etikett »Diktatur des Proletariats« legitimierte Alleinherrschaft der staatssozialistischen Parteien ablehnten. Bei einem so eklatanten Widerspruch zur reinen Lehre diagnostizierte die SED bei der Bruderpartei »revisionistische Tendenzen« und »Unklarheiten«.[85] Da die britische KP jedoch aufgrund des Mehrheitswahlrechts politisch ohnehin keine Rolle spielte, orientierte sich Ost-Berlin von Anfang an stärker in Richtung Labour Party und den Gewerkschaften, die auch eine wichtige Zielgruppe für die Anerkennungspropaganda darstellten. So bestanden Kontakte zwischen dem FDGB und dem eng mit Labour verbundenen britischen Gewerkschaftsverband Trade Union Congress (TUC), die jedoch nie den Status von offiziellen Beziehungen erreichten.[86]
Auch die britisch-westdeutschen Beziehungen entwickelten sich seit den 1960er Jahren immer besser, so dass sich der Interessenschwerpunkt auf britischer Seite kontinuierlich zugunsten der Bundesrepublik verschob und die DDR immer mehr ins Hintertreffen geriet. Lediglich die Handelsbeziehungen blieben relativ stabil. Insgesamt kann der DDR-Politik gegenüber Großbritannien mit Henning Hoff trotzdem ein gewisser Erfolg bescheinigt werden. Der SED-Staat konnte »mit Erfolg auf die eigene Existenz aufmerksam machen«,[87] was die britischen Überlegungen während der Berlin-Krise, die DDR im Zweifelsfall anzuerkennen, erkläre. Zudem konnte, wenn auch in sehr begrenztem Maß, die offizielle Nichtanerkennungspolitik zumindest auf wirtschaftlicher Ebene bisweilen umgangen werden.[88] Viele ursprüngliche Ziele wur-

---

81 Howarth: KfA Ltd, S. 597f.
82 Golz: Völkerfreundschaft, S. 102.
83 Hoff: Politik, S. 295.
84 Vgl. John Tomlinson: Left, right. The march of political extremism in Britain. London 1981, S. 91.
85 Hoff: Politik, S. 295f.
86 Golz: Völkerfreundschaft, S. 102.
87 Hoff: Politik, S. 301.
88 Vgl. etwa die juristische Kontroverse zwischen dem VEB Carl Zeiss Jena und dem westdeutschen

den jedoch nicht erreicht, etwa die Beziehungen auf eine breitere Basis zu stellen oder auch nur ein positives Image der DDR in Großbritannien zu erzeugen, vor allem nach dem Mauerbau.

Die DDR und Frankreich

Das Verhältnis der DDR zu Frankreich war grundsätzlich von den gleichen Parametern bestimmt wie das zu Großbritannien: Ebenfalls eine Siegermacht des Zweiten Weltkriegs, hatte Frankreich besondere Rechte und Verantwortungen in Bezug auf Deutschland und Berlin und war somit auch zentraler Akteur im Ost-West-Konflikt. Wie die Briten waren auch die Franzosen in der unmittelbaren Nachkriegszeit eher deutschfeindlich eingestellt, jedoch begann schon recht bald eine Aussöhnung mit dem ehemaligen Feind, die ihren Anfang in der französischen Besatzungszone nahm, über die Europäische Gemeinschaft für Kohle und Stahl (EGKS) sowie die Europäischen Gemeinschaften (EG) führte und 1963 mit dem Élysée-Vertrag kodifiziert wurde. Der Partner war die Bundesrepublik, deren Verbündeter man im westlichen Lager war, und zu der man die Beziehungen auf breiter gesellschaftlicher Basis entwickeln wollte, wie z. B. über das Deutsch-Französische Jugendwerk (DFJW). Einer der zentralen Faktoren dafür, dass diese Aussöhnung beginnen konnte und erfolgreich war, dürfte der »Ausbruch« des Kalten Krieges Ende der 1940er Jahre gewesen sein, der eine »beachtliche integrative Wirkung« im Westen entfaltete.[89]

Aus französischer Sicht hatten die Beziehungen zur Bundesrepublik immer Priorität, und dementsprechend nahm man Rücksicht auf die Bonner Politik. Das bedeutete seit Ende der 1940er Jahre, den Alleinvertretungsanspruch und später die Hallstein-Doktrin zu akzeptieren und zu unterstützen und eine deutsche Wiedervereinigung unter westlichen Vorzeichen zu fordern.[90] Ebenso wie in London wurde in Paris allerdings insgeheim die deutsche Teilung durchaus begrüßt, da man nach drei verheerenden Kriegen innerhalb von nur 75 Jahren eine tiefsitzende Sorge gegenüber einem zu starken Deutschland entwickelt hatte,[91] die sich bis in die 1980er Jahre halten sollte und während der sich abzeichnenden Wiedervereinigung auch wieder offen artikuliert wurde.[92] In einem wesentlichen, für die Beziehungen zur DDR zentralen Punkt jedoch unterschied sich Frankreich von Großbritannien: Während jenseits des Ärmelkanals die kommunistische Bewegung schwach und unbedeutend war und so keinerlei Einfluss auf die Gesellschaft entfalten konnte, verfügte Frankreich mit der

---

Unternehmen Carl Zeiss, bei der DDR-Rechtsakte in Großbritannien zumindest implizit anerkannt wurden, 2, Golz: Völkerfreundschaft, S. 98.
89 Pfeil: Beziehungen, S. 29.
90 Ebd., S. 61f.
91 Bernhard Escherich: Das Bild der DDR in Frankreich bis 1989. In: Dokumente. Zeitschrift für den deutsch-französischen Dialog 56 (2000), S. 26.
92 Hier sei an das in dieser Zeit vielzitierte, François Mauriac zugeschriebene Diktum »nous aimons tellement l'Allemagne que nous préférons qu'il en ait deux« erinnert. François Mitterands angeblich ablehnende Haltung zur deutschen Wiedervereinigung allerdings wurde von Frédéric Bozo grundlegend neu bewertet, vgl. Frédéric Bozo: Mitterand, la fin de la guerre froide et l'unification allemande. Paris 2005.

2.2 Die DDR, Großbritannien und Frankreich vor 1973

Parti Communiste Français (PCF) über eine große kommunistische Partei, die in der V. Republik bis zu Beginn der 1980er Jahre kontinuierlich rund 20 % der Wähler mobilisieren konnte und so einen einflussreichen Faktor in der französischen Politik darstellte. Zudem stand der größte französische Gewerkschaftsbund Confédération Générale du Travail (CGT), der in den 1960er Jahren mehr als zwei Millionen Arbeitnehmer organisierte, der PCF sehr nahe. Die Partei und die Gewerkschaften hatten – und haben bis heute – mehr Mitglieder als in anderen westeuropäischen Ländern.[93] Hinzu kam noch ein stark politisch links orientiertes intellektuelles Milieu. Diese Ausgangslage, in Verbindung mit dem französischen Bestreben, innerhalb des westlichen Bündnisses vor allem gegenüber den USA eine relative Unabhängigkeit zu wahren, machte Frankreich für die DDR in den 1950er Jahren zum wichtigsten Zielland ihrer Westpolitik.[94]

Wie in Großbritannien lancierte Ost-Berlin Ende der 1950er Jahre Imagekampagnen in Frankreich, mit Filmvorführungen, Ausstellungen und speziellen Publikationen, unter Mithilfe der französischen Bruderpartei. Die der DDR während der Berlin-Krise zugekommene Aufmerksamkeit sollte genutzt werden, um dem Westen »nicht kampflos das Feld zu überlassen.«[95] So günstig die gesellschaftlichen Bedingungen jedoch – zumindest relativ – schienen, so schwierig stellte sich die politische Lage dar: Seit Charles de Gaulle 1958 als Präsident in die Politik zurückgekehrt war, pflegte die SED ein gespaltenes Verhältnis zu ihm. Einerseits wurde heftig gegen den General polemisiert, er sei »ultra-reaktionär«, vor allem bezogen auf seine Unterstützung des Alleinvertretungsanspruchs der Bundesrepublik. Andererseits war er mit seinem Aufruf zur Anerkennung der Oder-Neiße-Linie als polnische Westgrenze den Interessen der DDR überraschend entgegengekommen.[96] In der Berlin-Krise jedoch zeigte de Gaulle eine harte Haltung; während die USA und Großbritannien prinzipiell gesprächsbereit waren, lehnte er jedes Nachgeben gegenüber den Sowjets ab und zog damit wiederum den Zorn Ost-Berlins auf sich.[97] Zwar gab es in dieser Situation hier und da auch Stimmen in der französischen Politik, die eine diplomatische Anerkennung der DDR forderten. Diese wurden jedoch von der Regierung gebremst, um Bonn nicht zu verärgern.[98]

Erstmals institutionalisiert in Frankreich wurden die Anerkennungsbestrebungen der DDR im April 1958 mit der Gründung einer Freundschaftsgesellschaft mit dem etwas sperrigen Namen »Echanges Franco-Allemands. Association française pour les échanges culturels avec l'Allemangne d'aujourd'hui« (EFA). Von französischen Kommunisten dominiert, was man jedoch mit den üblichen Praktiken der Einbeziehung von nichtkommunistischen Prominenten so weit wie möglich zu kaschieren suchte, koordinierte die EFA die PR-Aktivitäten der DDR und gab die Zweimonatsschrift

---
93 Escherich: Bild der DDR, S. 26.
94 Vgl. Pfeil: Relations, S. 77.
95 Pfeil: Beziehungen, S. 94.
96 Pfeil: Relations, S. 77f.
97 Pfeil: Beziehungen, S. 94f.
98 Pfeil: Relations, S. 78.

»Rencontres« heraus.[99] Anfang der 1970er Jahre hatte die EFA rund 15 000 Mitglieder und war damit die größte Organisation der DDR-Anerkennungsbewegung in Frankreich; Bernhard Escherich attestiert ihr gar einen gewissen Erfolg bei den Bemühungen, Sympathie für die DDR zu erzeugen.[100] Doch die SED machte es der Mehrheit der Franzosen nicht gerade leicht, ihren Staat zu schätzen. Waren schon die Reaktionen auf den 17. Juni 1953 westlich des Rheins ausgesprochen negativ ausgefallen,[101] so tat der Mauerbau das übrige, um der DDR einen schweren Ansehensverlust in dem sich als europäisches »Mutterland« von Demokratie und Freiheit verstehenden Land zuzufügen. Viele bestehende quasioffizielle Kontakte, z. B. zwischen Universitäten, wurden 1961 abgebrochen,[102] und auch das Bild der »zwei Deutschlands«, des »guten« von Kant und Goethe sowie des »bösen und aggressiven« von Bismarck, ursprünglich nach der Niederlage von 1870/71 formuliert, kam wieder auf, wobei die DDR hier in der Traditionslinie von Preußen als autoritärer Machtstaat verortet wurde.[103]

So dürfte mit der Gründung des Äquivalents der EFA auf DDR-Seite, der »Deutsch-Französischen Gesellschaft der DDR«, kurz Deufra, im Februar 1962 [104] auch die Ost-Berliner Hoffnung verbunden gewesen sein, diesem Imageproblem begegnen zu können. Die Deufra war strukturell aufgebaut wie die DEBRIG, und Ost-Berlin setzte wie in Großbritannien auf ehemalige Westemigranten: Ab 1964 war Franz Dahlem Präsident der Gesellschaft, die wie die anderen »Nationalen Freundschaftsgesellschaften« (NFG) auch in die Liga für Völkerfreundschaft eingebunden war. Über Dahlem, der wie Hermann Axen und Albert Norden während des Kriegs zeitweise in Frankreich war, versuchte die DDR, Kontakte zu Leuten der Résistance und ihren Organisationen aufzubauen; auch prominente Künstler wie Anna Seghers und Stephan Hermlin wurden wegen ihrer positiven Außenwirkung in die Gesellschaft aufgenommen. Hauptaufgabe der Deufra war der »Kampf« für die diplomatische Anerkennung; hinzu kam ab 1963 der Versuch, die Effekte des Élysée-Vertrags zu »bremsen«.[105] Diesen wichtigen Schritt auf dem Weg zur Aussöhnung zwischen den ehemaligen Feinden nahm man in der DDR einerseits durch die ideologische Brille als »Akt der Aggression« und eine »imperialistische und militaristische Allianz« wahr, andererseits sah man das ein Jahr zuvor im Politbüro festgelegte Ziel, die Gleichbehandlung mit der Bundesrepublik durch Frankreich zu erreichen, gefährdet. Das rückte allerdings weiter in die Ferne, als de Gaulle 1965 unmissverständlich klarmachte, dass es unter den ge-

---

99 Friedhelm B. Meyer zu Natrup: Frankreich und die DDR. In: Europa-Archiv 43 (1988), S. 317; detaillierter zur EFA vgl. Pfeil: Beziehungen, S. 269–290
100 Escherich: Bild der DDR, S. 29.
101 Pfeil: Reaktionen, passim.
102 Pfeil: Relations, S. 79.
103 Escherich: Bild der DDR, S. 26f.
104 Anita M. Mallinckrodt: Die Selbstdarstellung der beiden deutschen Staaten im Ausland. »Image-Bildung« als Instrument der Außenpolitik. Köln 1980, S. 207–209; der französische Name der Gesellschaft lautete »Société franco-allemande de RDA«.
105 Vgl. Pfeil: Relations, S. 84f.

2.2 Die DDR, Großbritannien und Frankreich vor 1973

gebenen Bedingungen keine Normalisierung der Beziehungen mit der DDR geben würde.[106]

Neben den Anstrengungen, politische und kulturelle Kontakte zu schaffen, setzte Ost-Berlin von Anfang an auch in Paris auf wirtschaftlichen Austausch. Selbst hier jedoch stand das Fernziel der Anerkennung im Vordergrund, sah man den Außenhandel doch als Vehikel, die DDR im westlichen Ausland zu popularisieren. Wie im Fall Großbritanniens konnte unmittelbar an die Vorkriegszeit angeknüpft werden. Schon 1946 schlossen beide Länder – unter Geheimhaltung – ein erstes Handelsabkommen, 1952 folgte ein nichtstaatliches Zahlungsabkommen zwischen der Banque de France und der Deutschen Notenbank der DDR, das in der Folgezeit die Basis für die Wirtschaftskontakte bildete. Ab 1955 war auch die Kammer für Außenhandel in Paris vertreten, offiziell unter dem Namen »Ständiges Büro der Leipziger Messe/Foire de Leipzig, Représentant en France«. Wie in London war sie eine inoffizielle Einrichtung, wurde aber von den französischen Behörden toleriert.[107] Frankreich war – im Rahmen einer allgemeinen Exportsteigerung[108] – an der DDR vor allem als »Brückenkopf« für den Handel mit Osteuropa interessiert; seit den 1950er Jahren gab es eine starke Präsenz von französischen Unternehmern auf der Leipziger Messe.[109]

Doch die relativ stabilen Handelsbeziehungen konnten nicht die erhoffte Sogwirkung auf den politischen Sektor entfalten. Zwar gab es Ende der 1960er Jahre zaghafte Annäherungsversuche zwischen Frankreich und der DDR, in deren Rahmen unter anderem ein Treffen zwischen dem französischen Außenminister Maurice Schumann und Axen, das aber geheimgehalten wurde. Dies konnte jedoch nur im Kontext der Neuen Ostpolitik der Bundesregierung geschehen, da die Bundesrepublik so erstmals zumindest indirekt den Status quo anerkannt hatte.[110] Wie mit Großbritannien auch erfolgte eine Normalisierung der Beziehungen im Februar 1973.

Die Beziehungen der ostdeutschen Staatspartei und der PCF hatten ebenfalls einen schweren Anfang. Neben einem allgemeinen Misstrauen gegen Deutsche allgemein in der unmittelbaren Nachkriegszeit kam Anfang der 1950er Jahre für die SED noch die Konzentration der französischen Genossen auf die Unterstützung der vom Verbot bedrohten westdeutschen KPD erschwerend hinzu. Erst ab 1957 näherten sich die beiden Bruderparteien einander an, gemeinsame Veranstaltungen wurden organisiert und Delegationen ausgetauscht. Bald darauf begann dann die Unterstützung der PCF für die DDR-Anerkennungspolitik in Frankreich, unter anderem durch vermehrte Berichterstattung in »L'Humanité«, dem Parteiorgan der französischen Kommunisten, die freilich im Vergleich zur »bürgerlichen« Presse nur einen sehr begrenzten Leserkreis erreichte.[111] Zwar muss die Aussage von Friedhelm Meyer zu Natrup, die PCF hätte

---

106 Vgl. Pfeil: Relations, S. 79–82.
107 Pfeil: Beziehungen, S. 393–396.
108 Meyer zu Natrup: Frankreich und die DDR, S. 312.
109 Edgar Wolfrum: Wo ist der Ort der DDR in den deutsch-französischen Beziehungen? Plädoyer für neue Forschungsaktivitäten. In: Dokumente. Zeitschrift für den deutsch-französischen Dialog 56 (2000), S. 21.
110 Pfeil: Relations, S. 87–89.
111 Pfeil: Beziehungen, S. 232–239.

»der DDR stets alle ihr zur Verfügung stehenden Möglichkeiten zur Selbstdarstellung in Frankreich«[112] geboten, etwas relativiert werden, und auch die von Edgar Wolfrum postulierten »nahezu ideale[n] Kontakt- und Einflussmöglichkeiten«, die Frankreich der SED »mit einer relativ starken kommunistischen Präsenz in Politik und Gesellschaft«[113] geboten habe, scheinen überbewertet. Jedoch versuchte die DDR diese Besonderheit Frankreichs im Vergleich mit anderen westlichen Ländern intensiv für ihre Anerkennungspropaganda zu nutzen, wie noch zu zeigen sein wird.

Insgesamt lässt sich festhalten, dass die Beziehungen der DDR zu Großbritannien und Frankreich von sehr ähnlichen Parametern bestimmt waren. Beide Länder hatten als Siegermächte des Zweiten Weltkriegs besondere Verantwortung und Rechte im Bezug auf Deutschland als ganzes, waren aber im westlichen Bündnis Partner der Bundesrepublik, unterstützten so nahezu vorbehaltlos deren Deutschlandpolitik und waren insgeheim nicht unzufrieden mit der Deutschlands Gewicht in Europa begrenzenden Teilung. Die DDR konnte die Kontakte erst dann verbessern, als in Bonn mit der Regierung von Willy Brandt die Neue Ostpolitik begann und somit der Status quo in Europa von westdeutscher Seite implizit anerkannt wurde. In beiden Staaten stand die Mehrheit der Gesellschaft der DDR uninteressiert oder ablehnend gegenüber, mit dem Unterschied, dass in Frankreich die kommunistische Bewegung relativ stark und gut organisiert war und so auf den ersten Blick bessere Ansatzpunkte für die Auslandspropaganda der SED bot, gerade auch mit einem stark politisch links dominierten intellektuellen Milieu und vielen strukturellen Parallelen der beiden Staaten, wie vor allem ein ausgeprägter politischer Zentralismus.[114] Trotzdem konnte weder in Frankreich noch in Großbritannien zu keiner Zeit das angestrebte Ziel, politische und breite gesellschaftliche Unterstützung für die diplomatische Anerkennung zu erzeugen, erreicht werden. Die These von Hans-Georg Golz, »insgesamt unterschied sich das bilaterale Verhältnis der DDR zu Großbritannien deutlich von dem zu anderen westlichen Staaten mit starken kommunistischen Parteien wie Frankreich, Belgien oder Italien«[115] muss insofern zumindest für die Zeit vor 1973 relativiert werden, als dass die recht engen Beziehungen zwischen der SED und den französischen Kommunisten kaum Einfluss auf die offizielle Politik der jeweiligen französischen Regierungen hatten.

---

112 Meyer zu Natrup: Frankreich und die DDR, S. 316.
113 Wolfrum: Ort der DDR, S. 22.
114 In seiner komparatistischen Studie von 1994 stellt Harmut Kaelble eine erstaunliche strukturelle Ähnlichkeit der beiden Staaten fest, weit größer, als zwischen Bundesrepublik und DDR, vgl. Hartmut Kaelble: Die Gesellschaft der DDR im internationalen Vergleich. In: Hartmut Kaelble (Hrsg.): Sozialgeschichte der DDR. Stuttgart 1994.
115 Golz: Völkerfreundschaft, S. 6.

3 Anspruch und Praxis der Auslandsinformation

Die Auslandspresseagentur »Panorama DDR« arbeitete wie alle an der Auslandspropaganda beteiligten Institutionen der DDR auf der Basis eines detaillierten Konzepts, das 1963 vom Politbüro der SED beschlossen worden war und im Wesentlichen bis 1973 beibehalten wurde. Um die Arbeit von Panorama in Frankreich und Großbritannien bis zur völkerrechtlichen Anerkennung der DDR nachzeichnen und vergleichend bewerten zu können, soll zunächst die Strategie der Auslandsinformation der SED für die 1960er Jahre, besonders in Bezug auf westliche Staaten untersucht werden, unter Berücksichtigung grundlegender Prinzipien der DDR-Außenpolitik sowie des sie umsetzenden Apparats. Dieser Strategie sollen im zweiten Teil des Kapitels dann die von Panorama in Frankreich und Großbritannien erzielten Veröffentlichungen hinsichtlich Quantität und Qualität vergleichend gegenübergestellt werden, um beurteilen zu können, inwieweit sich der Anspruch der Auslandsinformation in der Praxis wiederfand.

3.1 Anspruch: Die Strategie der Auslandsinformation 1963–1973

Die Grundlage der Beziehungen zu den westlichen, »imperialistischen« Staaten bildete im staatssozialistischen Block das Konzept der »friedlichen Koexistenz von Staaten unterschiedlicher Gesellschaftsordnung«, das somit auch maßgeblich die Gestaltung der Auslandspropaganda bestimmte. Ursprünglich war es von Lenin unmittelbar nach der Oktoberrevolution entwickelt worden, um, solange die Sowjetunion das einzige staatssozialistische Land war, ihr Überleben zu sichern.[1] Gemäß der marxistischen Geschichtstheorie konnte es sich hier jedoch nur um ein vorübergehendes Konzept eines Modus vivendi handeln, da sich langfristig überall auf der Welt der Sozialismus bzw. der Kommunismus durchsetzen werde. Lenin war jedoch davon ausgegangen, dass mit der weiteren Verbreitung des Sozialismus mittelfristig Kriege mit kapitalistischen Staaten nicht zu vermeiden seien. Von dieser Vorstellung verabschiedete sich die Sowjetunion 1956 auf dem XX. Parteitag der KPdSU, als im Rahmen der Abrechnung mit Stalin auch das außenpolitische Konzept novelliert und das Prinzip der friedlichen Koexistenz zur offiziellen Politik wurde. Das war jedoch keineswegs ausschließlich defensiv gedacht. Zwar sollte Gewaltanwendung bei der Lösung von Problemen zwischen Staaten ausgeschlossen werden, jedoch sollten die Völker durchaus noch das Recht haben, »mit der Waffe in der Hand« Widerstand gegen eine etwaige Aggression von außen zu leisten, wie der sowjetische Ministerpräsident Alexej Nikolajewitsch

---
1 Golz: Völkerfreundschaft, S. 45.

Kossygin 1956 in der »Prawda« ausführte.[2] Solcherart »bedrohten« Völkern sicherten die staatssozialistischen Staaten dann auch Unterstützung in ihrem Freiheitskampf zu; schließlich konnte man hier – in der Zeit der postkolonialen Auseinandersetzungen – den »imperialistischen« Staaten Einflusssphären streitig machen. Im allgemeinen blieb der Begriff »friedliche Koexistenz« eher locker definiert und unterlag manchen Bedeutungsverschiebungen; dabei wurde besonders in der DDR gerne unterstrichen, dass er trotz aller ideologischer Differenzen eine Nichteinmischung in innere Angelegenheiten sowie eine wechselseitige Respektierung der Souveränität beinhalte.[3] Zudem sei die friedliche Koexistenz ein »objektives Erfordernis zur Bewahrung des durch die aggressivsten Kreise des Imperialismus bedrohten Weltfriedens und seiner dauerhaften Sicherung als Existenzbedingung der Menschheit und unabdingbare Voraussetzung ihres Fortbestandes und ihres weiteren gesellschaftlichen Fortschritts.«[4]

Das Konzept bezog sich jedoch nur auf die zwischenstaatlichen Beziehungen, denn auf gesellschaftlicher Ebene wurde der Klassenkampf als unvermeidlich gesehen;[5] er würde sich gar noch verschärfen, jedoch durch die Verlagerung von der militärischen in die politische, wirtschaftliche und kulturelle Sphäre unter für das sozialistische Lager wesentlich günstigeren Bedingungen ablaufen. Somit war das Prinzip Teil »jenes revolutionären Instrumentariums, mit dem man dem Klassengegner während der dem Westen durch eine Veränderung des weltweiten Kräfteverhältnisses aufgezwungenen Entspannungspolitik durch eine Zuspitzung der ideologischen Auseinandersetzung immer wirkungsvoller begegnen wollte.«[6]

Genau hier wollte auch die Auslandsinformation der DDR den Hebel ansetzen, indem langfristig revolutionäres Potential in den westlichen Gesellschaften aktiviert werden sollte. Mittelfristig jedoch visierte man weniger hoch gesteckte Ziele an. Zwar galt den durch die marxistische Geschichtstheorie historisch beauftragten Bevölkerungskreisen immer besondere Aufmerksamkeit: »Durch eine zielgerichtete Orientierung auf Kräfte der Sozialdemokratie und der Gewerkschaften in den kapitalistischen Ländern soll unter Beachtung ihrer spezifischen Argumente und Haltung der Kreis der Freunde der DDR unter den organisierten Arbeitern erweitert werden.«[7] Vor allem für die hier betrachtete Zeitspanne zwischen 1963 und 1973, als das Erreichen der diplomatischen Anerkennung durch den Westen oberste Priorität hatte, sollten weit über diese klassischen Ansprechpartner hinaus vor allem »bürgerliche« Kreise für DDR-Interessen mobilisiert werden, denn die Verantwortlichen in Ost-Berlin sahen deutlich, dass es ohne Zustimmung dieser keine Anerkennung ihres Staates geben würde. So wurde die Auslandsinformation vor 1973 zumindest zeitweise zum Ersatz

---

2 Bernd Stöver: Der Kalte Krieg 1947–1991. Geschichte eines radikalen Zeitalters. Bonn 2007, S. 386–389.
3 Herbert Kröger/Harry Wünsche: Friedliche Koexistenz und Völkerrecht. Berlin (Ost) 1975, S. 23.
4 Art. »Friedliche Koexistenz«. In: Böhme et al.: Kleines Politisches Wörterbuch, S. 295
5 Heinz Geggel: Keine ideologische Waffenruhe. In: Einheit 1 (1973), S. 8.
6 Golz: Völkerfreundschaft, S. 45.
7 SAPMO-BArch, DY 30/J IV 2/2 A 1123, Protokoll Nr. 43/65 der Sitzung des Politbüros vom 9.11.1965, Anlage 2, S. 3.

3.1 Anspruch: Die Strategie der Auslandsinformation 1963–1973

für eine »echte« Außenpolitik, die vor dem Hintergrund der Hallstein-Doktrin nach Westen nicht möglich war.

Wie in allen Politikbereichen hatte sich die SED auch in der Außenpolitik die alleinige Macht gesichert und die staatlichen Instanzen für die Ausübung der Kontrolle maßgeschneidert; so entstand die für die DDR typische Verflechtung von Partei- und Staatsapparat auf allen Ebenen. Wenn auch formal der Ministerrat als Regierung und damit der Außenminister verantwortlich war, so hatte er faktisch keinerlei Macht. Die beiden Amtsinhaber bis 1965, Georg Dertinger und Lothar Bolz, gehörten nicht der SED an, und ihre beiden Nachfolger, Otto Winzer und Oskar Fischer zumindest nicht zum inneren Führungszirkel der Partei. Auch die anderen Stellen, die direkt oder indirekt mit dem Ausland zu tun hatten, etwa das Ministerium für Außenhandel und innerdeutschen Handel, die Staatliche Plankommission und die internationalen Abteilungen einiger Ministerien wie Kultur, Volksbildung oder Gesundheitswesen können eher als Ausführungsorgane der Parteibeschlüsse und ihr zuarbeitende »Fachreferate« bezeichnet werden.[8] Ingrid Muth unterscheidet im außenpolitischen Apparat der DDR drei Ebenen:[9] die bestimmende Parteiebene, also die SED-Führung und der zentrale Parteiapparat, die staatliche Ebene mit Ministerrat, MfAA, MfAH u. a., und eine dritte Ebene, der »gesellschaftliche« Institutionen wie die Liga für Völkerfreundschaft, aber auch eigens für die Arbeit mit dem Ausland gegründete nichtstaatliche Einrichtungen wie z. B. auch »Panorama DDR« zugeordnet waren. Deren Aufgabe bestand darin, »das Ansehen der DDR zu fördern und außenpolitische Entscheidungen der jeweiligen Regierungen im Interesse der DDR günstig zu beeinflussen.«[10] Auf sämtlichen Ebenen des außenpolitischen Apparats lag die Entscheidungskompetenz bei den höchsten Gremien der SED.

Innerhalb dieser höchsten Gremien waren, gemäß der herausragenden Bedeutung, die der Mobilisierung von Meinungen im marxistisch-leninistischen Politikverständnis zukam, entsprechende Stellen geschaffen worden, die für »Agitation«[11] und »Propaganda« auch im Ausland zuständig waren: beim ZK die (erst zusammengelegte, ab den 1960er Jahren wieder geteilte) Abteilung Agitation und Propaganda unter der Leitung von Albert Norden, der seit 1955 im Politbüro (dessen Mitglied er drei Jahre später wurde) und im ZK-Sekretariat allgemein für den Bereich Agitation verantwortlich war. Beim Politbüro gab es, ebenfalls unter Nordens Leitung, ab 1955 unter wechselnden Namen die Kommission für Agitation, der u. a. 13 Parteifunktionäre aus anderen ZK-Bereichen wie Außenpolitik, Presse, Rundfunk und Fernsehen und Massenorganisationen angehörten und die Anfang der 1960er Jahre über acht

---

8 Peter R. Weilemann: Außenpolitik. In: Lexikon des DDR-Sozialismus. Das Staats- und Gesellschaftssystem der Deutschen Demokratischen Republik. Padernborn u. a. 1996, S. 81.
9 Vgl. Muth: DDR-Außenpolitik, S. 54f.
10 Ebd., S. 55.
11 Die »Agitation« war mehr auf die Herrschaftssicherung nach innen gerichtet, sollte sie doch »das Wort der Partei in die Massen [...] tragen« und damit in enger Wechselwirkung mit der Propaganda der »politischen Überzeugungs- und Erziehungsarbeit« dienen, vgl. Art. »Agitation«. In: Böhme et al.: Kleines Politisches Wörterbuch, S. 17.

hauptamtliche Mitarbeiter verfügte.¹² Bei dieser angesiedelt war der 1963 geschaffene »Beirat für Auslandsinformation«. Diesem »ehrenamtlichen« Gremium gehörten neben Vertretern der Ministerien für Auswärtige Angelegenheiten, Volksbildung, Finanzen, Außen- und Innerdeutschen Handel und Verkehrswesen, des Staatssekretariats für das Hoch- und Fachschulwesen, des Nationalrats, der Massenorganisationen FDGB, FDJ und DTSB der Generalsekretär der Liga für Völkerfreundschaft, der Direktor des ADN, der Leiter von RBI und ein Sekretär des VDJ an. Seine Aufgabe war neben der Entwicklung von längerfristigen Konzepten für die Auslandsinformation vor allem die Koordination von Maßnahmen, die in Zusammenarbeit mehrerer Institutionen und Organisationen realisiert wurden.¹³ Im Apparat des ZK wurde ebenfalls 1963 eine ständige Arbeitsgruppe »Auslandsinformation« eingerichtet, deren Leitung Werner Lamberz, Mitglied des ZK und ab 1970/76 Kandidat/Mitglied des Politbüros, übernahm. Die Arbeitsgruppe wurde auf Beschluss des ZK-Sekretariats vom März 1967 in eine Abteilung des ZK umgewandelt und stand bis 1989 unter der Leitung von Manfred Feist, dem Bruder Margot Honeckers. Werner Lamberz war innerhalb des Bereiches Agitation der Verantwortliche für die Auslandsinformation; er arbeitete die grundsätzlichen Beschlussvorlagen für Politbüro und ZK-Sekretariat aus und stand auch dem »Beirat für Auslandsinformation« vor.

Die Schaffung der beiden Gremien erfolgte im Zusammenhang mit einem grundlegenden, von Lamberz und seinem Stellvertreter Otto Schwabe ausgearbeiteten Strategiepapier, das vom Politbüro im März 1963 beschlossen wurde und den gesamten Bereich der Auslandsinformation organisatorisch strukturierte und auch die zu vermittelnden Inhalte minutiös festlegte. Ein Politbürobeschluss vom Februar hatte die Agitationskommission mit der Ausarbeitung von zentralen Richtlinien für die Auslandsinformation beauftragt. Dies geschah in Umsetzung der Beschlüsse des VI. Parteitags der SED, auf dem Walter Ulbricht die Unzulänglichkeit der Auslandsinformation angemahnt hatte.¹⁴

Das Strategiepapier umriss in einer Bestandsübersicht zunächst die »Probleme« in der Auslandsinformation. Wie so häufig in der DDR war die Bundesrepublik das größte Hindernis in dieser Hinsicht: Die eigenen Propagandaaktivitäten ins Ausland sähen sich einer »massiven, weitverzweigten, systematisch und konzentriert gelenkten Auslandspropaganda des Bonner Regimes gegenüber.«¹⁵ Das Presse- und Informationsamt der Bundesregierung, in Verbindung mit dem Auswärtigen Amt, leiteten zentral die Tätigkeit von über 500 staatlichen und privaten Einrichtungen in diesem Bereich, wofür pro Jahr etwa 50 Millionen Mark zur Verfügung stünden. Goethe-Institut und Auslandsschulen gehörten ebenfalls zu dieses Propagandaeinrichtungen, die in fast vierzig Sprachen Material herausgäben. Besonders hervorgehoben wird die

---

12 Vgl. Heike Amos: Politik und Organisation der SED-Zentrale 1949–1963: Struktur und Arbeitsweise von Politbüro, Sekretariat, Zentralkomitee und ZK-Apparat. Berlin u. a. 2003, S. 366–368.
13 SAPMO-BArch, DY 30/J IV 2/2 A 953, Protokoll Nr. 8/63 der Sitzung des Politbüros vom 27.3.1963, Anlage 5a, S. 6f.
14 SAPMO-BArch, DY 30/J IV 2/2 A 1123, PB 43/65, Anlage 1, S. 1.
15 SAPMO-BArch, DY 30/J IV 2/2 A 953, PB 8/63, Anlage 4, S. 1.

Tätigkeit der »Deutschen Welle«, die mit ihren 3 000 Mitarbeitern und »modernsten Sendern« fast die ganze Welt erreiche.[16]

Einerseits sah sich die DDR hier wieder einmal der größeren wirtschaftlichen Potenz der Bundesrepublik gegenüber. Zum anderen jedoch zog man falsche Schlüsse: Die »Auslandspropaganda Westdeutschlands«[17] funktioniere deshalb so gut, weil die zentrale Anleitung durch staatliche Stellen in Bonn »systematisch und konzentriert« organisiert sei. Sicher gab es auch in der Bundesrepublik entsprechende, im zeitgenössischen Sprachgebrauch »kulturpolitische« Einrichtungen, die aus dem Bundeshaushalt finanziert wurden und Public Diplomacy für den westdeutschen Staat betrieben. So etwa der Auslandsrundfunk »Deutsche Welle«, der zwar staatlich finanziert ist, jedoch von Beginn an von einem Rundfunkrat kontrolliert wurde, in dem neben Vertretern aus Bundestag und -rat auch Abgesandte gesellschaftlicher Institutionen wie Kirchen, Gewerkschaften, Sportbund etc. die Interessen der Allgemeinheit vertreten sollen.[18] Auch das Goethe-Institut fällt in diese Kategorie, es wurde in den 1960er Jahren sogar noch stark vom Auswärtigen Amt bestimmt, aber ab 1969 zunehmend parlamentarischer Kontrolle unterstellt.[19] Aus der eigenen ideologischen Position heraus überstieg es jedoch den Vorstellungshorizont der Verantwortlichen in Ost-Berlin, dass sicherlich die Mehrheit der angeführten, angeblich 500 Einrichtungen nicht von der Regierung angeleitet, sondern von gesellschaftlichen Initiativen und Institutionen wie etwa den Kirchen getragen wurde, und die »Auslandspropaganda« der Bundesrepublik und allgemein des Westens insgesamt pluralistisch geprägt und eher staatsfern war. Dementsprechend steht in der darauf folgenden Auflistung »ernster politisch-organisatorischer Mängel« in der eigenen Auslandsinformation die »mangelhafte zentrale Anleitung« der mit der Auslandspropaganda betrauten Einrichtungen an erster Stelle, sowie die ungenügende Umsetzung von zentral ausgearbeiteten Argumentationen. Ein einheitliches Auftreten im Ausland sei so nicht möglich.[20]

Problematisch sei auch die »unzureichende Operativität der Informationsarbeit«. Das hieß, dass man aktuellen Ereignissen meist um einige Stunden hinterherhing, und der »Gegner« fast immer einen Vorsprung hatte. Weiterhin seien die beteiligten Einrichtungen nicht gut genug koordiniert, so dass manche Multiplikatoren im Ausland bis zu zehn Ausgaben des gleichen Materials von verschiedenen Stellen erhielten, während andere gar nichts bekämen. Auch die mangelnde Differenzierung der Informationen wird angemahnt: Manche Materialien wurden überall einheitlich verteilt, was ihre Wirkung stark beeinträchtige. Schließlich sei die Ausarbeitung neuer Ideen und Konzepte unzureichend und viele der beteiligten Kader nicht genügend qualifiziert und verfügten über keine Auslandserfahrung, worauf wiederum der Hauptteil

---

16 SAPMO-BArch, DY 30/J IV 2/2 A 953, PB 8/63, Anlage 4, S. 1f.
17 Die vermutlich in der DDR geprägte und später auch in der Bundesrepublik gebräuchliche, obwohl niemals offizielle Abkürzung »BRD« findet sich in den benutzten Akten erst ab 1972.
18 Michalek: Deutsche Welle, S. 40f.
19 Steffen R. Kathe: Kulturpolitik um jeden Preis. Die Geschichte des Goethe-Instituts von 1951 bis 1990. München 2005, S. 13f.
20 SAPMO-BArch, DY 30/J IV 2/2 A 953, PB 8/63, Anlage 4, S. 2.

der vorgenannten Probleme zurückgeführt wurde. Zudem müsse auch die technische Produktion der Materialien stärker zentralisiert werden und die Zusammenarbeit mit den anderen sozialistischen Ländern intensiviert.[21]

Paradoxerweise sind die meisten hier angeführten Probleme gerade auf die starke Zentralisierung und die damit einhergehende Bürokratisierung eines schwerfälligen, zu eigenen Entscheidungen auf mittlerer und unterer Ebene unfähigen Apparats zurückzuführen, und eben nicht auf einen Mangel daran. Die ideologisch bestimmte Sichtweise machte es auch hier unmöglich, auf der Basis der durchaus realistisch wahrgenommenen Schwächen eine praxisorientierte Lösungsstrategie zu entwickeln. In diesem Zusammenhang stellt sich immer wieder die Frage, inwieweit sich etwa die Verfasser solcher Vorlagen dieser Tatsache bewusst waren, oder ob sie die Ideologie wirklich derart internalisiert hatten, dass ihnen eine andere Wahrnehmung nicht mehr möglich war.

Auf diese Problemanalyse folgt der zweite Teil des Strategiepapiers, der vor allem die inhaltlich-theoretische Komponente der Auslandspropaganda festlegt. Unter der Überschrift »Politische Grundsätze und Methoden zur Gestaltung der Auslandsinformation der DDR nach dem VI. Parteitag der SED« erfolgt zunächst eine Definition:

> »Die Auslandsinformation der DDR umfaßt die gesamte informatorische, publizistische und agitatorisch-propagandistische Tätigkeit aller staatlichen und gesellschaftlichen Einrichtungen und Organisationen, die über die Grenzen der DDR, Westdeutschlands und Westberlins hinauswirken.«[22]

Rund einhundert staatliche und gesellschaftliche Institutionen waren an Auslandspropaganda beteiligt, darunter als »Hauptträger« das MfAA mit den Auslandsvertretungen, die Liga für Völkerfreundschaft und ihre NFGs sowie RBI, der ADN, der FDGB, die FDJ und der DTSB. Verschiedene, nach Ländern und Sprachen differenzierte Publikationen wurden eingesetzt, wie etwa die Zeitschriften »Democratic German Report«, »DDR in Wort und Bild« oder »Echo d'Allemagne«. Hinzu kamen Ausstellungen, Besuchsreisen ausländischer Delegationen in die DDR, Kulturveranstaltungen sowie spezielle Filme, Rundfunk- und Fernsehprogramme und die Verbreitung von Literatur und anderen Kulturerzeugnissen.[23]

Die Bundesrepublik und Westberlin galten für die DDR, ebenso wie vice versa, nicht als Ausland. Für Propagandaaktivitäten in diese Richtung waren andere Stellen zuständig, wie etwa die Westabteilung des ZK, deren Arbeit auf gesonderten Konzepten beruhte. Weiter wurden die Aufgaben der Auslandsinformation bestimmt:

> »Die Aufgabe der Auslandsinformation besteht in der differenzierten, massenwirksamen Popularisierung der Politik, Entwicklung und Errungenschaften der DDR mit dem Ziel, die internationale Position unserer Republik ständig zu festigen und die Entwicklung der internationalen Beziehungen der DDR zu fördern. Bestandteil der Auslandsinformation der DDR ist die systematische Entlarvung und Anprangerung der Bonner Imperialisten und Militaristen und ihrer Revanchepolitik.«[24]

---

21 SAPMO-BArch, DY 30/J IV 2/2 A 953, PB 8/63, Anlage 4, S. 2.
22 Ebd., Anlage 5, S. 1.
23 Ebd., Anlage 4, S. 1.
24 Ebd., Anlage 5, S. 1.

3.1 Anspruch: Die Strategie der Auslandsinformation 1963–1973

Die SED verfolgte also zwei Hauptziele mit der Auslandsinformation: Einerseits sollte über die Existenz der DDR als zweiter, legitimer deutscher Staat informiert und damit mittelfristig seine internationale Anerkennung erreicht werden. Andererseits verband sich damit eine Abgrenzungsstrategie gegenüber der Bundesrepublik, deren Politik als imperialistisch, revanchistisch und friedensgefährdend dargestellt werden sollte. So wollte man ein positives Image der DDR aufbauen und, wohl vor allem gerichtet an die politisch Verantwortlichen in den sogenannten »jungen Nationalstaaten«, den westdeutschen Staat diskreditieren, um eine Interessenübereinstimmung vorzugeben. Die neugebildeten souveränen Staaten, ehemalige Kolonien wie etwa Algerien oder Nigeria, zählten für die DDR zu den ersten »Schwerpunktländern« ihrer Außenpolitik, denn hier erhoffte sie sich durch Aufbauhilfe eine völkerrechtliche Anerkennung »erkaufen« zu können, was jedoch nur sehr eingeschränkt gelang.[25] Von der Anerkennung durch solche Staaten erhofften sich die Verantwortlichen in Ost-Berlin eine Sogwirkung auf den Westen. Die Information über die DDR sollte in der Auslandspropaganda jedoch »im Vordergrund stehen« und an folgenden Argumentationslinien ausgerichtet werden:

1. »Die DDR verkörpert das neue Deutschland«.[26] Sie sei ein sozialistischer Staat, wie ihn sich »die Völker« schon immer gewünscht hätten, friedlich konstituiert auf den Prinzipien von Humanismus, Menschenwürde und »Völkerfreundschaft«. Militarismus und Imperialismus seien in der DDR mit der Wurzel ausgerottet. Dank der »freien schöpferischen Arbeit des Volkes« habe sich die DDR zu einem der wichtigsten europäischen Industrieländer entwickelt, »das mit vielen Ländern der Welt ausgedehnte wirtschaftliche, kulturelle und andere Beziehungen unterhält.« Ihr Zusammenbruch sei von der Bundesrepublik und »anderen Imperialisten« schon oft vorhergesagt worden, doch da sie ständig wachse und erstarkte, sei sie die Zukunft Deutschlands. Alle »schlechten« Traditionen, insbesondere das Erbe des Nationalsozialismus werden also implizit der Bundesrepublik zugeordnet

2. »Die DDR ist der deutsche Friedensstaat.«[27] Regierung und Bevölkerung in der DDR seien sich einig, dass der Frieden höchste Priorität habe. Daher träte die DDR für das Prinzip der friedlichen Koexistenz in den internationalen Beziehungen ein, vor allem in den Beziehungen zwischen »den beiden deutschen Staaten.« Ziel sei die allgemeine und vollständige Abrüstung. Faschismus, Revanchismus und »Propaganda gegen den Frieden« würden bekämpft und in der DDR strafrechtlich verfolgt; ganz nebenbei erfolgt hier eine (Selbst-)Rechtfertigung für Zensur und Einschränkung des Rechts auf freie Meinungsäußerung, wie es in der DDR-Verfassung garantiert war. Gerade der Bundesrepublik wird die Rolle des Störenfrieds zugewiesen; so habe die DDR

---
25 Scholtyseck: Außenpolitik, S. 25f.
26 SAPMO-BArch, DY 30/J IV 2/2 A 953, PB 8/63, Anlage 5, S. 1.
27 Ebd., S. 2.

aus eigener Initiative viele, »von großer Kompromißbereitschaft zeugende« Entspannungsvorschläge gemacht, vor allem die innerdeutschen Beziehungen betreffend, wie etwa die militärische Neutralisierung beider deutscher Staaten und auch der Vorschlag, die Beziehungen zu normalisieren. Darüber hinaus sei die DDR für eine »friedliche Lösung der deutschen Frage« und für den »Abschluß des deutschen Friedensvertrages.« Auf diese Weise sollte suggeriert werden, dass von der Bundesrepublik eine ständige Aggression und Bedrohung ausgehe und die DDR versuche, dieser mit Vernunft zu begegnen, so wie man einem jähzornigen Kind mit Nachsicht begegnet.

3. »Die DDR will Freundschaft mit allen Völkern und Ländern.«[28] An erster Stelle steht die Verbundenheit mit der Sowjetunion und die Integration in das »sozialistische Weltsystem«, dessen »untrennbarer Bestandteil« die DDR sei. Sie stelle sich gegen Kolonialismus, Neokolonialismus und Rassismus und unterstütze daher aktiv die »nationale Befreiungsbewegung« und die »jungen Nationalstaaten«, denn man sei durch den gemeinsamen »antiimperialistischen« Kampf verbunden. Dieses Angebot wird hier noch konkretisiert: Die Beziehungen zu den um »Unabhängigkeit und Freiheit kämpfenden Völkern« basierten auf den Prinzipien von gegenseitiger Achtung, aber auch von materieller Unterstützung und ohne politische Bedingungen. Zudem wäre die Aufnahme von diplomatischen Beziehungen zur DDR ein »schwerer Schlag gegen die imperialistischen Versuche, in neuer Form die Kolonialherrschaft zu restaurieren.« Darüber hinaus wird, die Beziehungen mit westlichen Staaten betreffend, wiederum das Eintreten der DDR für die friedliche Koexistenz betont, »vor allem mit den Staaten der ehemaligen Anti-Hitler-Koalition, die im Zweiten Weltkrieg für Ziele gekämpft haben, die in der DDR Wirklichkeit geworden sind.« Ein deutlicher Ruf besonders in Richtung der »jungen Nationalstaaten«, die ganz offen mit Geld und dem Entwurf des Schreckensszenarios neuer imperialer, westlicher Mächte für die DDR-Anerkennungspropaganda geködert werden sollten. Und ebenso an die Adresse der Westalliierten, von deren Anerkennung man sich besonderen Prestigegewinn versprach, wobei man sich in Ermangelung gemeinsamer Interessen auf sehr allgemeine, nicht konkrete »Ziele« als herauszustellende Gemeinsamkeiten beschränken musste, die zudem nur in der DDR verwirklicht worden wären – also offenbar nicht bei den westlichen Alliierten.

4. »Die DDR ist ein souveräner Staat.«[29] Ihr stünden die gleichen Rechte wie jedem anderen souveränen Staat nach der UNO-Charta zu. Das beinhalte insbesondere die Nichteinmischung in innere Angelegenheiten, wie z. B. Fragen der Grenzsicherung. Der »antifaschistische Schutzwall« diene »dem Frieden und der Sicherheit der Völker.« Zudem hätte er das »wirkliche Kräfteverhältnis in

---

28 SAPMO-BArch, DY 30/J IV 2/2 A 953, PB 8/63, Anlage 5, S. 2.
29 Ebd., S. 3.

Deutschland klarer gemacht.« Nachdem der Bau der Mauer große internationale Empörung hervorgerufen hatte, wurde der Versuch seiner Rechtfertigung zu einem zentraler Punkt in der Auslandspropaganda. Die vorgebrachten Argumente allerdings sind naturgemäß schwach; so zog man sich vor allem auf die Nichteinmischungsrhetorik zurück und ergänzte diese um allgemeine, kaum belegbare Phrasen über Frieden und Sicherheit sowie eine Anspielung auf eine angebliche Überlegenheit der DDR.

5. »Die DDR ist der demokratische deutsche Staat, ein Staat der Menschlichkeit.«[30] Durch ein »breites System der Demokratie« nach den Prinzipien »arbeite mit – plane mit – regiere mit« sei in der DDR das Selbstbestimmungsrecht des Volkes verwirklicht. Jeder Bürger könne an der Ausübung der Macht teilhaben. Die Existenz mehrerer Parteien wird herausgestellt, die allerdings »freundschaftlich zusammenarbeiten«. Die Diktatur der SED wird umschrieben mit der Führungsrolle »konsequenter Antifaschisten«, die an der Spitze des Staates stünden. Durch die umfassende Neuordnung aller Lebensbereiche hätten sich neue Beziehungen zwischen den Menschen entwickelt, die Menschlichkeit habe »triumphiert« und die »moralisch-politische Einheit des Volkes« bilde sich heraus. Hier ist ein zentraler Zielkonflikt der DDR-Auslandsinformation sichtbar: Einerseits lehnte man die westlichen parlamentarischen Demokratien als »reaktionär« ab, andererseits versuchte man, das eigene System mit dem Verweis auf die Existenz mehrerer Parteien als pluralistisch darzustellen und die faktische Ein-Parteien-Herrschaft zu verschleiern, weil man genau wusste, dass hier die Hauptursache für die Ablehnung durch den Westen lag. Mit dem Verweis auf einmütige Zusammenarbeit der Parteien beeilte man sich jedoch, das spezifisch andere der DDR hervorzuheben, da man durch die Bündelung der »progressiven Kräfte« dabei sei, den »Neuen Menschen« zu schaffen, wie es ebenfalls hier angedeutet wird.

Neben diesen grundlegenden Argumentationslinien verweist das Strategiepapier auch auf die aktuell hervorzuhebenden Themen: Zunächst sollte das 1954 auf dem IV. Parteitag der SED verabschiedete »Sieben-Punkte-Programm für ein Abkommen der Vernunft und des guten Willens« zur Lösung der Deutschlandfrage propagiert werden, das »sachliche und normale Beziehungen« zwischen den beiden deutschen Staaten zum Ziel haben sollte und unter anderem einen gegenseitigen Gewaltverzicht, die wechselseitige Anerkennung der Grenzen, einen Rüstungsstopp und die gegenseitige Anerkennung der Staatsbürgerschaft vorsah.[31] Weiter sollten Ulbrichts Vorschläge zu einem die Beziehungen normalisierenden, mit dem Senat von West-Berlin abzuschließenden Vertrag, die »Propagierung aller Vorschläge, die für eine de facto oder de jure Anerkennung der DDR eintreten«, das Engagement der DDR für eine vollständi-

---

[30] SAPMO-BArch, DY 30/J IV 2/2 A 953, PB 8/63, Anlage 5, S. 3.
[31] Vgl. Claudia Lepp: Tabu der Einheit? Die Ost-West-Gemeinschaft der evangelischen Christen und die deutsche Teilung (1945–1969). Göttingen 2005, S. 438.

ge Abrüstung sowie die Darstellung ihrer wirtschaftlichen Leistungsfähigkeit anhand der Leipziger Messe herausgehoben werden. Zudem sollte »unter Einsatz aller Mittel« eine Kampagne gegen ein Einreiseverbot für DDR-Verteter in NATO-Länder organisiert werden.[32]

In dieser Selbstdarstellung, die vor allem für die Propagandaarbeit in die westlichen Staaten entworfen worden sein dürfte, ergibt sich das Profil der DDR fast ausschließlich in der Abgrenzung zum Westen, insbesondere zur Bundesrepublik. Sie wollte die »antifaschistische«, friedliche, demokratische und »vernünftige« Alternative zum westdeutschen Staat sein und definierte sich dabei nur als vermeintliche Positivprojektion des größeren westlichen Nachbarn. An diesen Versuchen, den westlichen Staaten auf Augenhöhe zu begegnen, zeigte sich das »wahre Kräfteverhältnis« in Deutschland und Europa, allerdings nicht so, wie es die SED-Funktionäre mit ihren ideologiegetrübten Augen wahrnahmen. Der Westen setzte die Standards und die DDR musste reagieren; das zeigt sich auch in Konzentration auf die »Entlarvung« der Politik der Bundesrepublik in der Auslandsinformation. Hier waren folgende Argumentationslinien vorgesehen:

1. »Westdeutschland verkörpert die profaschistische Völkerfeindschaft.«[33] Die Bundesrepublik werde von den selben Personen bzw. Kräften regiert, die Hitler an die Macht gebracht hätten, mit dessen Hilfe sie ein »neues Kolonialreich« hätten aufbauen wollen. Die »faschistische Vergangenheit« werde verherrlicht und es werde mit »offenen und versteckten antidemokratischen Methoden« von den »Bonner Ultras« regiert, die zudem noch andere »reaktionäre Kräfte« wie Franco oder Salazar unterstützten. Hier findet sich die kommunistische Lesart wieder, nach der der »Faschismus« die höchste Ausprägung des Kapitalismus sei und somit von der »Monopolbourgeoisie« zum eigenen wirtschaftlichen Vorteil installiert worden wäre. Hitler galt dabei nur als Marionette in den Händen ebendieser Leute, die in der Bundesrepublik noch immer das Sagen hätten.

2. »Westdeutschland ist das einzige Land in Europa, das gegen andere Länder offen territoriale Ansprüche erhebt.«[34] Um das Ergebnis des Zweiten Weltkriegs zu revidieren, also verlorene Gebiete wieder zurückzugewinnen und die Verbreitung des Sozialismus einzudämmen, rüsteten die Verantwortlichen in Bonn zum »Krieg gegen die DDR und andere sozialistische Länder.« Hierbei wären sie sogar bereit, Kernwaffen einzusetzen. Mit dieser Argumentation sollte die in der Bundesrepublik durchaus verbreitete Kritik an der als unrechtmäßig empfundenen Abtrennung der ehemaligen deutschen Ostgebiete als gefährliche Aggression dargestellt werden.

---

32 SAPMO-BArch, DY 30/J IV 2/2 A 953, PB 8/63, Anlage 5, S. 3f.
33 Ebd., S. 4.
34 Ebd., S. 5.

3. »Westdeutschland will die internationalen Spannungen aufrechterhalten und zuspitzen.«[35] Die Politik der Bundesrepublik wolle eine friedliche Lösung der »Westberlinfrage« verhindern, um die Stadt als »Spannungsherd und Pulverfaß« zu erhalten. Ebenso lehne sie alle Vorschläge der DDR zu einem Friedensvertrag zwischen den beiden deutschen Staaten, einer militärischen Neutralisierung Deutschlands und zur Abrüstung ab und versuche so, eine internationale Entspannung zu verhindern. Die DDR soll wiederum als der »vernünftige« deutsche Staat erscheinen, dessen Initiativen jedoch regelmäßig von der Bundesrepublik zurückgewiesen werden würden, obwohl diese »bereits von Politikern und Staatsmännern verschiedener politischer Richtungen in verschiedenen Ländern anerkannt und unterstützt« würden. Tatsächlich gab es auch in westeuropäischen Ländern wie Frankreich und Großbritannien immer wieder Politiker, die sich, wohl teils ohne die ideologische Intention wahrzunehmen, von den vermeintlich vernünftigen Angeboten der Sowjetunion und der DDR zur »Lösung der Deutschlandfrage« täuschen ließen, siehe dazu Kapitel 2.2.

4. »Westdeutschland mischt sich offen in die inneren Angelegenheiten anderer Staaten ein.«[36] Bonn übe Druck auf andere Länder aus, auch wirtschaftlichen, um diese »an der Entwicklung der Beziehungen mit der DDR hindern«; dabei greife man auf Maßnahmen wie ein Einreiseverbot für DDR-Bürger und anderes zurück. Dieses durch die Hallstein-Doktrin begründete Vorgehen sei »eine grobe Einmischung in das Selbstbestimmungsrecht aller Völker« und widerspreche der UNO-Charta. Hier werden schwere Geschütze aufgefahren und sogar das Völkerrecht bemüht, um die verhasste Hallstein-Doktrin zu diskreditieren. Ein Indiz für die ohnmächtige Wut der SED über dieses westdeutsche Machtmittel, das ihren außenpolitischen Aktionsradius in der Tat empfindlich einschränkte.

5. »Westdeutschland ist ein extremer Verfechter des Neokolonialismus.«[37] Mittels der Entwicklungshilfe wolle die Bundesrepublik verhindern, dass sich die »jungen Nationalstaaten« wirklich aus ihrer kolonialen Abhängigkeit befreiten. Beispielsweise wären Kredite stets an politische Bedingungen geknüpft. Da die DDR selbst gerne gute Kontakte zu den betreffenden Staaten aufbauen wollte, befand man sich hier in einer Konkurrenzsituation. Indem man die Entwicklungshilfe des Westens als versteckte koloniale Dominanzversuche darstellte, erhoffte man sich wohl eine Hinwendung dieser Länder zur DDR, da man sich hier wohl leicht zu verdienende Dankbarkeit versprach, die mit einer diplomatischen Anerkennung kompensiert werden könnte. Daher auch der Hinweis auf die politischen Bedingungen, die von westlicher Seite gefordert wurden, während die DDR bedingungslos helfen würde.

---

35 SAPMO-BArch, DY 30/J IV 2/2 A 953, PB 8/63, Anlage 5, S. 5.
36 Ebd.
37 Ebd.

Als kurzfristig herauszustellende Themen verweist das Dokument auf die weitere »Entlarvung« von Nationalsozialisten in hohen Positionen in der Bundesrepublik anhand aktueller Fälle wie des bayerischen Justizskandals um einen Erbstreit des Würzburger Arztes Elmar Herterich, der sich gegen ein Netzwerk ehemaliger NS-Funktionäre in Justiz und Politik durchzusetzen versuchte.[38] Außerdem sollte der »wahre Charakter der Kriegsachse Bonn-Paris« dargelegt werden, eine Reaktion der SED auf die im Januar 1963 erfolgte Unterzeichnung des Élysée-Vertrags, denn eine westdeutsch-französische Annäherung sah man in Ost-Berlin nicht gerne; siehe hierzu auch Kapitel 2.2.

West-Berlin sollte als »NATO-Stützpunkt mitten in der DDR« präsentiert werden, mittels dessen die »imperialistischen Kräfte«, vor allem die »Bonner Ultras« internationale Spannungen schüren und die sozialistischen Länder »unterminieren« wollten, unter ständigem Verweis auf die Bemühungen der DDR, in dieser Frage eine Lösung zu finden, die keiner Seite nur Vorteile brächte, aber dem Erhalt des Friedens diene.[39]

Dieses von der Bundesrepublik entworfene Bild war zunächst geprägt von ideologischen Aspekten, wie etwa in der Überzeugung deutlich wird, die selben geheimen Kräfte der »Monopolbourgeoisie«, die auch die Herrschaft Hitlers möglich gemacht hätten, beherrschten die Bonner Republik. Insoweit folgte man konsequent der marxistisch-leninistischen Politik- und Geschichtsauffassung. Weiterhin spielten vor allem die den Interessen der DDR im Weg stehenden Sachverhalte die hauptsächliche Rolle in der Auslandsinformation »über Westdeutschland«: Erstens die Hallstein-Doktrin, die als völkerrechtswidrige Einmischung in fremde Angelegenheiten seitens der Bundesrepublik dargestellt werden sollte; zweitens West-Berlin, der wohl größte Stachel im Fleisch der SED-Führung, dessen »Gefährlichkeit« für die DDR schon deshalb hervorgehoben werden sollte, weil der Mauerbau gerechtfertigt werden musste. Und zuletzt der wenig überzeugende Versuch, den westdeutschen Staat als neokolonialistisch darzustellen, um die umworbenen Entwicklungsländer für die DDR zu gewinnen.

Die DDR-Auslandsinformation sollte sich an »möglichst breite Kreise, Organisationen und Institutionen als auch an Einzelpersonen und einflußreiche Persönlichkeiten im Ausland« wenden.[40] Je nach den Bedingungen in den verschiedenen Ländern und der Charakteristika der jeweiligen Empfänger solle die Argumentation differenziert erfolgen. »Vielfältigste Methoden« seien anzuwenden, und dabei sollte auch die Auslandspropaganda anderer Länder systematisch untersucht werden, um deren Erfahrungen nutzen zu können. Zudem wollte man die Wirksamkeit der Auslandsinformation evaluieren, in westlichen Ländern sogar unter Zuhilfenahme von kommerziell arbeitenden Meinungsforschungsinstituten.[41]

---

38 Marc von Miquel: Ahnden oder amnestieren? Westdeutsche Justiz und Vergangenheitspolitik in den sechziger Jahren. Göttingen 2004, S. 128–132.
39 SAPMO-BArch, DY 30/J IV 2/2 A 953, PB 8/63, Anlage 5, S. 6.
40 Ebd.
41 Ebd., S. 7.

3.1 Anspruch: Die Strategie der Auslandsinformation 1963–1973

Verstärkt anzuwenden sei die Methode »Andere über uns«, bei der ausländische Journalisten oder Prominente in die DDR eingeladen werden sollten, um dann positiv über sie zu berichten. Ebenso sollte die Präsenz »bekannter Persönlichkeiten der DDR« in anderen Ländern hervorgehoben werden, über Interviews oder Vortragsreihen etwa. Im Allgemeinen wollte man verstärkt Kolloquien, Seminare und andere öffentliche Informationsveranstaltungen über die DDR im Ausland durchführen, unter Heranziehung »demokratischer«, also kommunistischer Organisationen vor Ort.[42]

Bei der Information über »Westdeutschland« sei zu beachten, dass viele Länder sich dem Druck der Bundesrepublik beugten und keine Propaganda über dritte Länder duldeten. Daher sei hier verstärkt das Konzept »Sie über sich« einzusetzen, d. h. Pressestimmen aus der Bundesrepublik und West-Berlin zu benutzen, um die »Anprangerung der Verhältnisse« dort zu ermöglichen, während gleichzeitig dort operierende befreundete Organisationen eine »rege Informationstätigkeit über die tatsächliche Lage in Westdeutschland und Westberlin« aufnehmen sollten.[43]

Der dritte Teil des Dokuments schließlich legt eine Reihe konkreter Maßnahmen fest, die nicht nur die inhaltliche Arbeit der Auslandspropaganda verbessern, sondern auch der »Sicherung einer einheitlichen Leitung und Koordinierung der Auslandsinformation durch die Partei«[44] dienen sollten. Unter Beteiligung der FDJ sollten Gruppen junger, ideologisch zuverlässiger DDR-Bürger für zwei- bis dreijährige Aufenthalte vor allem in die »jungen Nationalstaaten« entsandt werden und dort »durch ihre Arbeit und persönliches Beispiel neue Freunde für unsere Republik gewinnen.«[45] Ebenso sollte die Betreuung ausländischer Gäste in der DDR für die Auslandsinformation genutzt werden; mit besonderem Fokus auf akkreditierte Korrespondenten westlicher Zeitungen und Presseagenturen.[46]

Bei der »Arbeit mit Massenbeeinflussungsmitteln« wird die Produktion bzw. Bearbeitung von im Ausland einsetzbaren Filmen angeordnet, unter der Aufsicht des MfAA. Zudem sollten, der Methode »Andere über uns« folgend, wenn möglich, Filmschaffende im Ausland zur Herstellung von die DDR positiv darstellenden Filmen angeregt werden. Hier findet sich gewissermaßen auch die »Geburtsurkunde« von Panorama DDR: Der ADN wird mit der Einrichtung eines speziellen Dienstes für »die Information des Auslandes über die DDR«[47] beauftragt. Hierbei sollten entsprechende staatliche Stellen darauf hinwirken, dass »Informationen, deren Veröffentlichung für die DDR aus bestimmten Gründen nicht zweckmäßig ist, ADN für den Auslandsinformationsdienst zur Verfügung gestellt werden.«[48] Literatur aus der DDR müsste in größerem Maße im Ausland verbreitet werden, ebenso wie »wichtige Materialien (Reden des Genossen Ulbricht, Erklärungen der Regierung usw.)«. Dafür seien

---
42 SAPMO-BArch, DY 30/J IV 2/2 A 953, PB 8/63, Anlage 5, S. 7.
43 Ebd., S. 8.
44 Ebd., Anlage 5a, S. 1.
45 Ebd.
46 Ebd., S. 2.
47 Ebd., S. 3.
48 Ebd.

Übersetzergruppen aus »politisch und sprachlich« qualifiziertem Personal vorerst für Englisch, Französisch und Spanisch zu schaffen. Schließlich erwog man den Bau eines Ausstellungszugs.[49]

Um eine bessere Koordinierung der Auslandsinformation zu gewährleisten, insbesondere zur »Überwindung der Zersplitterung und Doppelgleisigkeit bei der Herausgabe von Publikationen für das Ausland«, ordnet das Papier die Umgestaltung des Parteiverlags »Zeit im Bild« zum Auslandsinformationsverlag der DDR an. Sämtliche Publikationen, mit Ausnahme der wissenschaftlichen und den Materialien des MfAA, sollten in Zukunft hier verlegt werden, wozu der Verlag auch eine Außenstelle in Berlin erhielt. Die politische Verantwortung für »Zeit im Bild« erhielt die Arbeitsgruppe Auslandsinformation.[50]

Zur Sicherung der Kontrolle der Partei über die Auslandsinformation wurden der bereits dargestellte »Beirat für Auslandsinformation« und die ständige »Arbeitsgruppe Auslandsinformation« beim Apparat des ZK eingerichtet. Ihre Aufgaben waren u. a. die Überwachung der konsequenten Umsetzung der Parteibeschlüsse, die Kontrolle der operativen Ausführung der festgelegten Argumentationslinien, die Koordinierung der verschiedenen beteiligten Stellen und die weitere Qualifizierung der Kader.[51]

Dieses Konzept der Auslandsinformation wurde im wesentlichen bis 1973 beibehalten. In den ersten beiden Jahren nach dem grundlegenden Beschluss erfolgten einige kleinere Korrekturen, wobei sich jedoch die festgelegte Grundlinie mit der einheitlichen Leitung, der Konzentration auf thematische Schwerpunkte, einer stärkeren Differenzierung und dem Übergang zu einer langfristigen Planung »als völlig richtig und wirksam« erwiesen habe.[52] Unter den Vorzeichen einer sich ständig verschärfenden ideologischen Auseinandersetzung käme der Auslandsinformation eine große Bedeutung als »untrennbarer Bestandteil« der Außenpolitik zu: »Sie ist ein Teil des ideologischen Kampfes, den die DDR im internationalen Maßstab gegen die imperialistische Ideologie im allgemeinen und gegen die Einflüsse des westdeutschen Imperialismus im besonderen führt.«[53] Die 1963 festgelegten Argumentationslinien wurden unter dem Hinweis beibehalten, dass in der Auslandsinformation über die Bundesrepublik der »Hauptstoß« gegen die CDU/CSU zu richten sei.[54] Neben dem MfAA mit seiner zwischenzeitlich eingerichteten Sektion »Auslandsinformation« sowie der auslandsinformatorischen Tätigkeit anderer Ministerien und staatlicher Stellen, der Liga für Völkerfreundschaft (mit inzwischen 64 Partnerorganisationen in 25 Ländern), dem ADN und RBI waren nun als neue Bestandteile des Systems der Zentralverlag »Zeit im Bild«, eine Produktionsgruppe »Auslandsfilm« der DEFA, der zentrale Fremdsprachendienst »Intertext«, die Außenwerbegesellschaft »Interwerbung« und die inzwischen gegrün-

---
49 SAPMO-BArch, DY 30/J IV 2/2 A 953, PB 8/63, Anlage 5a, S. 4.
50 Ebd., S. 4f.
51 Ebd., S. 7f.
52 SAPMO-BArch, DY 30/J IV 2/2 A 1010, Protokoll der Sitzung 1/64 des Politbüros vom 7.1.1964, Anlage 3, S. 2.
53 SAPMO-BArch, DY 30/J IV 2/2 A 1123, PB 43/65, Anlage 1, S. 1.
54 Ebd., Anlage 2, S. 8.

dete Auslandspressedienst »Panorama DDR« hinzugekommen. Die vorherige »Zersplitterung« und die Doppelung von Arbeit habe weitgehend überwunden werden können; auch sei es richtig gewesen, das System der »zielgerichteten und systematischen Propagierung der DDR im Ausland« unter die unmittelbare Leitung der Partei zu stellen.[55]

Die angewandte Strategie habe auch schon einigen Erfolg gezeigt. So habe die DDR eine »neue internationale Position erreicht«; das Verständnis für ihre Politik sei im Ausland größer geworden; der Einfluss der »westdeutschen Propaganda« in »Nationalstaaten Afrikas und Asiens« habe zurückgedrängt werden können. Und schließlich berichteten »zahlreiche großbürgerliche und auch sozialdemokratische Zeitungen westeuropäischer Länder« zunehmend sachlich und objektiv über die DDR, wobei besonders das Konzept der »friedlichen Koexistenz« anerkannt, der Status quo in Europa akzeptiert und die DDR zunehmend als souveräner Staat gesehen werde. Dabei werde auch die Bonner Politik immer mehr kritisiert. Auf Probleme stoße man jedoch immer wieder einerseits durch die »Auslandspropaganda« der Bundesrepublik, die »auf die Verleumdung der Politik und der Errungenschafen der DDR ausgerichtet« sei, und andererseits durch die begrenzte Reichweite der Auslandsinformation; so könne diese z. B. in den USA, Kanada und Australien nicht wirken, und daher würde die DDR dort sehr kritisch beurteilt und teils nach wie vor als von der Sowjetunion besetztes Gebiet gesehen.[56]

Der größte Teil der auslandsinformatorischen Arbeit entfiel auf Publikationstätigkeiten; neben eigenen Erzeugnissen auch in der ausländischen Presse. Periodische und feste Publikationen wurden herausgegeben, die meisten davon nun von »Zeit im Bild« mit einer Gesamtauflage von rund vier Millionen Exemplaren jährlich, darunter z. B. die schon genannten Zeitschriften wie »DDR-Revue« oder »German Democratic Report« oder auch »Al Matschalla« für den arabischen Markt. Zu diesem Bereich gehörte auch die Arbeit von »Panorama DDR«. Durch die »zielgerichtete Artikelbelieferung zentraler und bezirklicher Presseorgane des Auslandes wurden neue Publikationsmöglichkeiten für die DDR eröffnet und interessante Ergebnisse ihrer Entwicklung auf den verschiedensten Gebieten breiten Kreisen ausländischer Bürger vermittelt.«[57] Nach wie vor bestanden allerdings noch einige Probleme in der schriftlichen Arbeit; vor allem die zu geringe Differenzierung der Publikationen nach Ländergruppen bzw. Leserkreisen wurde angemahnt. Zudem seien die Texte oft nicht interessant genug und von mangelhafter Qualität.[58] Probleme gab es auch bei der Qualifizierung der rund 800 Kader, die in der Auslandsinformation beschäftigt waren. Nur etwa die Hälfte von ihnen verfügten über eine wissenschaftliche Qualifikation auf auslandspolitischem Gebiet; ebenso hatten die wenigsten Fremdsprachenkenntnisse oder Auslandserfahrung;[59] also die selben Schwierigkeiten, die auch zwei Jahre später

---

55 SAPMO-BArch, DY 30/J IV 2/2 A 1123, PB 43/65, Anlage 1, S. 1–3.
56 Ebd., S. 11.
57 Ebd., S. 15.
58 Ebd.
59 Ebd., S. 24.

noch von »Panorama DDR« beklagt wurden.[60] Besonders interessant jedoch ist ein weiteres, hier genanntes Problem:

> »Trotz wesentlicher Fortschritte in der inhaltlichen Gestaltung der Auslandsinformation der DDR gelingt es in vielen Fällen noch nicht, Grundgedanken unserer Politik interessant, überzeugend und vor allem in unmittelbarer Beziehung zum Denken, dem Bewußtseinsstand und den Interessen der Bürger des jeweiligen Landes zu vermitteln. Manche Argumentationen und Materialien sind zu allgemein und knüpfen nicht genügend an gemeinsame Gesichtspunkte mit dem jeweiligen Empfängerkreis an. Nicht immer gelingt es, mit treffender Polemik Bonner Auffassungen zu widerlegen. Zahlreiche außenpolitische Schritte der DDR werden nicht von Anfang an mit Maßnahmen der Öffentlichkeitsarbeit im Ausland verbunden«[61]

Hier klingt der zentrale Zielkonflikt der DDR-Auslandsinformation an: Der Versuch, sich an die Kommunikationsformen westlicher Gesellschaften anzupassen – vor allem hier dürften die genannten Probleme aufgetreten sein – unter Beibehaltung einer ideologiekonformen Sichtweise auf politische und gesellschaftliche Sachverhalte und Entwicklungen. Dieses Spannungsfeld und die dadurch begrenzten Möglichkeiten der Auslandsinformation werden in den Akten immer wieder indirekt thematisiert, ohne dass jedoch die Möglichkeit bestand, die wirklichen Ursachen zu benennen – oder überhaupt wahrzunehmen. Dieser Zielkonflikt dürfte auch die maßgebliche Ursache für das Unvermögen von »Panorama DDR« gewesen sein, breitere Resonanz in westlichen Medien zu erzielen, wie im folgenden Kapitel darzustellen sein wird.

Insgesamt lässt sich für die Strategie der Auslandsinformation der DDR im Zeitraum von 1963 bis 1973 festhalten, dass sie, wie in der DDR üblich, bis ins Detail von der SED bestimmt wurde. Außerhalb der geschaffenen Strukturen konnten keine Informationsmaterialien für das Ausland hergestellt werden – mit der einzigen Ausnahme der Kirchen, die im begrenzten Umfang über eigne Verbindungen im Ausland aktiv sein konnten. Dass jedoch durch diese Konzentration die Parteiführung in der Auslandspropaganda schnell und flexibel habe agieren können, wie Ingrid Muth diagnostiziert,[62] ist zu bezweifeln. Dies mag relativ gesehen durch die weitgehende Unabhängigkeit von der sehr schwerfälligen gesamtvolkswirtschaftlichen Planung zutreffen; dennoch hinkte die Auslandsinformation der DDR ihrer westlichen Konkurrenz praktisch immer hinterher, wie man selbst immer wieder zugeben musste.[63]

Nachdem der DDR der »Durchbruch« gelungen war und sie diplomatische Beziehungen mit vielen westlichen Staaten aufgenommen hatte, veränderten sich die Aufgaben der Auslandsinformation, die »bislang vorwiegend auf die Begründung der Notwendigkeit der Anerkennung der DDR gerichtet war«. Nun waren »die Propagierung unserer Friedenspolitik sowie der Erfolge und der Perspektiven beim Aufbau der entwickelten sozialistischen Gesellschaft« in den Vordergrund zu stellen.[64] Dabei sollte

---

60 Vgl. oben, S. 24.
61 SAPMO-BArch, DY 30/J IV 2/2 A 1123, PB 43/65, Anlage 1, S. 27.
62 Muth: DDR-Außenpolitik, S. 66.
63 Siehe z. B. oben, S. 45.
64 SAPMO-BArch, DY 30/J IV 2/2 1440, Protokoll Nr. 12/73 der Sitzung des Politbüros vom 27.3.1973, Anlage 5, S. 1.

die Auslandspropaganda einerseits einen Beitrag zur »ideologischen Offensive des Sozialismus im Sinne des proletarischen Internationalismus« leisten, um die »fortschrittlichen Bewegungen« in den »jungen Nationalstaaten« und den westlichen Ländern zu unterstützen, andererseits der gegen die DDR und die »Einheit der sozialistischen Gemeinschaft« gerichteten »Ideologischen Diversion« entgegentreten.[65] Der ideologischen Linie folgend wurde eine Verschärfung des Klassenkampfes bei gleichzeitig zunehmender Durchsetzung der Prinzipien der friedlichen Koexistenz diagnostiziert. Insofern sollten nun konsequenterweise die Kräfte auf die »Gewinnung der Massen« in den »nichtsozialistischen« Ländern konzentriert werden.[66] Daher fuhr man jetzt eine zweigleisige Strategie: Während von der staatlichen Ebene, also von den Botschaften, »Informationen mit vorwiegend offiziellem Charakter« wie z. B. aus der Wirtschaft oder dem Gesundheitssystem, verbreitet werden sollten, müssten die nichtstaatlichen, gesellschaftlichen Kanäle nun eine »klassenmäßig stärker akzentuierte Propaganda« senden, die sich vor allem an die »Arbeiterklasse, die Bauern, an Jugend-, Studenten- und Frauenorganisationen« wenden sollte.[67]

3.2 Praxis: Die Arbeit von »Panorama DDR« in Frankreich und Großbritannien

Wie in der Einleitung dargelegt, soll bei der Analyse der Arbeit der Auslandspresseagentur ein asymmetrischer Vergleich eingesetzt werden. Im Fall der DDR-Auslandsinformation vor 1973 verspricht diese Methode einen Erkenntnisgewinn, indem hier unter Beschränkung auf die westeuropäischen Zielländer Frankreich und Großbritannien deutlich wird, dass es »Panorama DDR« kaum gelang, in Medien zu veröffentlichen, die nicht der kommunistischen Ideologie folgten. Somit konnte Panorama nur in Ländern mit einer einigermaßen gefestigten kommunistischen Bewegung, wie Frankreich, überhaupt nennenswert an die Öffentlichkeit treten, während ohne die klassischen Ansprechpartner aus dem selben politischen Milieu Veröffentlichungen nur schwierig zu realisieren waren, wie der Fall Großbritannien zeigt. So konnten für britische Medien bis auf eine Ausnahme keine konkreten Veröffentlichungsbeispiele herangezogen werden, da die Angaben von Panorama in den Akten nicht detailliert genug und zudem die genannten Zeitungen von derart marginaler Bedeutung waren, dass der Aufwand ihrer Beschaffung in keinem Verhältnis zum erwarteten Erkenntnisgewinn gestanden hätte.

Trotzdem ist es möglich, über Veröffentlichungslisten in den Akten und die Korrespondenz von Ost-Berliner Stellen mit Lex Hornsby, einem von der DDR beauftragten britischen PR-Unternehmer, eine Einschätzung der Panorama-Arbeit in Großbritannien vorzunehmen. Allgemein kann hier keine systematische Analyse aller relevanten Medien in den Zielländern für den untersuchten Zeitraum erfolgen, zumal

---

65 SAPMO-BArch, DY 30/J IV 2/2 1440, PB 12/73, Anlage 5, S. 1.
66 Ebd., S. 2.
67 Ebd., S. 3.

der Absender bewusst verschleiert und die Beiträge »indigenisiert« werden sollte und so eine Beteiligung der Agentur nicht immer zweifelsfrei zu belegen ist, wie noch zu zeigen sein wird. Weiteren Aufschluss könnten nur interne Akten geben, die von der Agentur zur eigenen Dokumentation selbst angelegt wurden. Tatsächlich wird in einem Perspektivplan die Bildung eines »kleinen Dokumentationsarchivs« angeregt;[68] ob es tatsächlich angelegt wurde und wo es nach der Abwicklung von Panorama bzw. der Zentrag verblieben ist, ließ sich im Rahmen dieser Arbeit nicht ermitteln. Die von Panorama selbst an übergeordnete Stellen genannten Veröffentlichungen aber sind ausreichend, um die gestellten Fragen nach den erreichten Medien und den Inhalten der Auslandinformation zu beantworten, zumal dort »große Erfolge«, d. h. Veröffentlichungen in »bürgerlichen« Medien, besonders hervorgehoben wurden.

Frankreich

Die wichtigste Quelle für Informationen über von Panorama erzielte Veröffentlichungen sind Berichte an den Beirat oder die Arbeitsgruppe bzw. Abteilung für Auslandsinformation des ZK, die in unregelmäßigen Abständen erfolgten. Die ersten konkreten Hinweise finden sich im November 1965 auf einer nach Ländern gegliederten Liste mit Veröffentlichungszahlen,[69] die besonders den Artikel »Braunbuch enthüllt« in der »Presse Nouvelle« hervorhebt. Die Pariser Zeitung hatte einen Artikel übernommen, der über die im Juli 1965 von Albert Norden vorgestellte zweite Auflage des »Braunbuchs«[70] berichtete, das über die NS-Vergangenheit von hohen Beamten, Wirtschaftsführern und Politiker in der Bundesrepublik informierte. Aus der Auflistung geht allerdings nicht hervor, dass die Zeitung »Presse Nouvelle« in jiddischer Sprache (in hebräischer Schrift) unter dem Originaltitel »Naïe Presse« erschien. Der Artikel dürfte somit nur einem äußerst begrenzten Leserkreis bekannt geworden sein. Solche Übertreibungen der eigenen Erfolge finden sich häufiger, teils wurde sogar gelogen, wie noch zu zeigen sein wird.

Von Anfang an hatte man große Schwierigkeiten gerade mit der westeuropäischen Presse, die das Hauptziel der Panorama-Arbeit war. Veröffentlichungen wie in der »Naïen Presse« dürften die Ausnahme gewesen sein, und recht bald hatte man bei der Agentur eingesehen, dass der Versand von fertigen Artikeln an westeuropäische Medien keinen Erfolg brachte. Daher versuchte man zunehmend, Rohmaterialien zu versenden und vor allem, Kontaktpersonen vor Ort aufzubauen.[71] In Frankreich war

---

68 SAPMO-BArch, DY 30/IV/A 2/21/8, Perspektivplan, S. 13.
69 SAPMO-BArch, DY 30/IV/A 2/21/4, Weitere Veröffentlichungen von Panorama-DDR-Artikeln, 12.11.1965.
70 Nationalrat der Nationalen Front des Demokratischen Deutschland (Hrsg.): Braunbuch. Kriegs- und Naziverbrecher in der Bundesrepublik und in Westberlin. Staat, Wirtschaft, Verwaltung, Armee, Justiz, Wissenschaft. Berlin (Ost) 1965 (2., überarb. Auflage).
71 Vgl. oben, S. 22.

3.2 Praxis: Die Arbeit von »Panorama DDR« in Frankreich und Großbritannien 59

seit Sommer 1965 ein ehemaliger Journalist von »Libération«[72] namens Vuillaume für Panorama tätig. Der als »Genosse« bezeichnete Mann fiel somit als PCF-Mitglied in die Kategorie des »fortschrittlichen einheimischen Journalisten«, der vor Ort die von Panorama gelieferten Materialien an die lokalen Gegebenheiten anpassen und sie über persönliche Kontakte zur Veröffentlichung bringen sollte. Diese Strategie schien auch mehr Erfolg zu versprechen: In den ersten eineinhalb Jahren ihres Bestehens hatte die Agentur nur zu drei kommunistischen Zeitungen Kontakt; Vuillaume hätte innerhalb kurzer Zeit das Netzwerk auf 15 Zeitungen, Zeitschriften und Pressedienste ausgebaut und auch schon Veröffentlichungen erreicht, namentlich bei der Sportzeitung »Miroir Sprint« und bei der Wirtschaftszeitschrift »L'Europe Orientale« eine Sondernummer mit 17 Beiträgen über die DDR, die zudem noch von der »bürgerlichen« Wirtschaftszeitung »Les Échos« besprochen worden sei. Zusätzlich habe Panorama auf Vermittlung des ZK der SED eine ganze Sondernummer der PCF-Zeitschrift »Démocratie Nouvelle« ausstatten können.[73] Diesen Veröffentlichungshinweisen wurde detailliert nachgegangen; die Ergebnisse sollen im Folgenden dargestellt werden, denn sie ermöglichen einen recht umfassenden Einblick in die Möglichkeiten und Grenzen der Arbeit von »Panorama DDR« in Frankreich.

Die große Sportillustrierte »Miroir Sprint« wurde für den Zeitraum von August 1964 bis März 1966 auf Artikel mit DDR-bezogenen Thematiken überprüft. Der einzige Artikel, der sich mit dem Land befasst, ist eine kurze Meldung vom August 1964, in der unter dem Titel »Berlin: La protestation des Allemands de l'Est« von den ostdeutschen Protesten über das in NATO-Ländern übliche Verbot der DDR-Fahne und -Hymne bei einem französischen Radrennen die Rede ist.[74] Es ist unwahrscheinlich, dass Panorama hier beteiligt war, denn die Agentur war erst Ende Juli 1964 gegründet worden und hatte im August vermutlich die Arbeit noch gar nicht aufgenommen. So wurden hier falsche Angaben gegenüber dem »Beirat für Auslandsinformation« gemacht; selbst wenn möglicherweise eine Veröffentlichung angestanden hatte, war sie bis zum Berichtszeitpunkt auf jeden Fall noch nicht erfolgt.

Ebenfalls übertrieben wurde mit dem Hinweis auf eine Sondernummer der Wirtschaftsfachzeitschrift »L'Europe Orientale«. Diese Ausgabe wurde zwar tatsächlich am 15. Januar 1966 veröffentlicht, jedoch nicht, wie berichtet, von der Wirtschaftszeitung »Les Échos« besprochen: In deren (täglichen) Ausgaben von Anfang Januar bis Ende Februar 1966 konnte eine entsprechende Rezension nicht gefunden werden. Es ist kaum anzunehmen, dass sie später als sechs Wochen nach oder früher als wenige Tage vor der zu besprechenden Sondernummer erschien.

»L'Europe Orientale« war eine noch recht junge, zweimal im Monat erscheinende Fachzeitschrift für Wirtschaftsinformationen über Osteuropa, namentlich Albanien,

---
72 Nicht zu verwechseln mit der bis heute erscheinenden, u. a. von Jean-Paul Sartre 1973 begründeten Tageszeitung, die nur den Titel der Originalpublikation wiederaufnahm. »Libération« erschien als Résistance-Zeitung ab 1941 zunächst illegal und wurde nach dem Krieg noch bis 1964 fortgeführt.
73 Vgl. SAPMO-BArch, DY 30/IV/A 2/21/8, S. 4f.
74 Miroir Sprint, 31.8.1964, S. 4.

Bulgarien, Ungarn, Polen, die DDR, Rumänien, die ČSSR, die UdSSR und Jugoslawien. Zielgruppe der teils maschinenschriftlich verfassten Publikation dürften vor allem französische Unternehmer gewesen sein, die geschäftlich in den Ostblock-Staaten aktiv waren, wobei die Zeitschrift im Vorwort ihrer ersten Ausgabe ein sehr optimistisches Bild der Möglichkeiten der wirtschaftlichen Kooperation entwarf: »Die Verbindungen, die wir sowohl mit den Vertretern der verschiedenen Staaten als auch mit unseren industriellen Abonnenten geknüpft haben, bestätigten uns in dem Gedanken, dass der Eiserne Vorhang bald nicht mehr als ein Vorhang aus Nebel sein würde, den etwas Hitze vertreiben kann.«[75]

Die von Panorama angeführte Sondernummer folgte dem für die Zeitschrift üblichen Konzept, immer wieder einzelne Ausgaben je einem osteuropäischen Schwerpunktland zu widmen. So kamen auch die angegebenen 17 Beiträge zustande: 14 davon gliedern einen mit »Die DDR« betitelten Abschnitt des Heftes und stellen je einen ökonomischen Teilbereich dar, so etwa Landwirtschaft, Industrie, Energie, Tourismus, Außenhandel etc. Interessant ist hier der Abschnitt »Géographie«, in dem die Einwohnerzahlen der größten Städte in der DDR angegeben werden, wonach in Karl-Marx-Stadt 2,1 Millionen, in Halle 2 Millionen, in Potsdam 1,2 Millionen und in Berlin 1,1 Millionen Menschen lebten.[76] Hier dürften die Gesamtbevölkerungszahlen der jeweiligen Bezirke zugrundegelegt worden sein, was jedoch nicht angegeben wird – selbst auf diesem Gebiet sollte die DDR größer erscheinen, als sie war. Der Abschnitt über die Funktionsweise des Planwirtschaftssystems versucht gar nicht, die dominante Rolle der SED zu verschleiern: »Das Verfahren ist folgendes: Auf der Grundlage von prinzipiellen Anweisungen der SED legt die Staatliche Plankommission umfassende Vorschläge fest, die sie an die betroffenen Ministerien weiterleitet. Diese verteilen sie zwischen den VVB [Vereinigungen Volkseigener Betriebe], die sie wiederum den Unternehmen ihres Ressorts zuteilen.«[77]

Allgemein bieten die einzelnen Abschnitte fachspezifische wirtschaftliche Informationen wie etwa über Produktionskapazitäten, Infrastruktur und ähnliches. Besonders der Außenhandel der DDR wird detailliert dargestellt, auch mit einem eigenen Artikel über die Leipziger Messe und die französische Beteiligung daran. Zudem findet sich eine Liste mit etwa 30 in diesem Bereich tätigen ostdeutschen Unternehmen. Am Ende der Ausgabe weist die Redaktion explizit auf die Unterstützung von Panorama hin: »Diese Spezialausgabe wurde in Zusammenarbeit mit der Presseagentur ›Panorama DDR‹ realisiert.«[78] Hier wurde offensichtlich das von Panorama schon nach kurzer Erfahrungszeit favorisierte Modell der Übersendung von Rohmaterial mit anschließender Bearbeitung durch die eigenen Redakteure der jeweiligen Zeitschrift angewandt.

Mit solchen fachspezifischen Veröffentlichungen dürfte man keinen größeren Leserkreis erreicht haben; zudem konnten kaum politische Themen transportiert wer-

---

75 L'Europe Orientale, Nr. 1 v. 15.9.1965, S. 2.
76 L'Europe Orientale, Nr. 9 v. 15.1.1966, S. 5.
77 Ebd., S. 10.
78 Ebd., S. 32.

3.2 Praxis: Die Arbeit von »Panorama DDR« in Frankreich und Großbritannien 61

den – zumindest nicht direkt. Allerdings wurden hier immerhin »bürgerliche Kreise« angesprochen, und die »große wirtschaftliche Leistungsfähigkeit« der DDR-Volkswirtschaft konnte, wie in der Strategie für die Auslandsinformation vorgesehen, beworben werden, unter anderem über die Präsentation der Leipziger Messe. Insofern stellt sich auch die Frage, inwieweit die ökonomischen Informationen über die DDR hier der Wahrheit entsprachen oder eventuell ebenfalls geschönt waren, um eine höhere Leistungs- und Konkurrenzfähigkeit vorzuspiegeln bzw. die wirtschaftliche Zusammenarbeit für westliche Unternehmen attraktiv zu machen.

Politisch viel offensiver konnte Panorama bei »Démocratie Nouvelle« vorgehen. Die relativ aufwendig gestaltete, als »monatliche Revue der Weltpolitik« vertriebene Zeitschrift mit Magazincharakter erschien monatlich von 1947 bis 1968. Als Herausgeber zeichnete Jacques Duclos verantwortlich, einer der prominentesten Führungspersönlichkeiten der französischen Kommunisten, der langjährige Mandate in Nationalversammlung und Senat innehatte und Komintern- bzw. Kominform-Funktionär gewesen war. Für Panorama war es aufgrund der ideologischen Nähe geradezu ein Heimspiel, in den Publikationen der französischen Kommunisten zu veröffentlichen: »Unter der kommunistischen Presse der kapitalistischen Länder Europas ist die französische für direkte politische Materialien weitaus am aufgeschlossensten.«[79] So berichtete »Démocratie Nouvelle« immer wieder positiv über die DDR, und ein erster vollständiger Artikel, der mit Sicherheit von Panorama vermittelt wurde, findet sich im November 1964. Harald Wessel, später Journalist beim »Magazin« und der »Weltbühne« und in den 1980er Jahren stellvertretender Chefredakteur des »Neuen Deutschland«, publizierte hier als »Sonderkorrespondent in Berlin« einen Bericht über das Bildungssystem der DDR, das als modern und demokratisch dargestellt wird.[80] Allgemein wurden in den Jahrgängen 1964/65 immer wieder kleinere Artikel ohne Autorenangabe über die DDR veröffentlicht, die einzelne Aspekte des wirtschaftlichen und politischen Systems wie etwa das Neue Ökonomische System der Planung und Leitung (NÖSPL)[81] positiv darstellen, wobei eine Beteiligung von Panorama vermutet werden kann, jedoch nicht zweifelsfrei nachzuweisen ist.

Einen tieferen Einblick in die Arbeitsweise der Agentur, besonders in die verbreiteten Inhalte, vermittelt die bereits angesprochene Sonderausgabe von »Démocratie Nouvelle« über die DDR, die unter dem Zusatztitel »Allemagne nouvelle: Problèmes de notre avenir« im Dezember 1965 erschien, laut Panorama mit einer Auflage von rund 30 000.[82] Neun längere Artikel befassen sich detaillierter mit politischen, ökonomischen und gesellschaftlichen Themenkomplexen und werden ergänzt von einem Anhang, der Informationen über neue Technologien in der DDR-Planwirtschaft und das neue Familiengesetzbuch der DDR enthält. Die Autoren der längeren Beiträge, fast durchweg Externe, dürften den Qualitätsansprüchen von Panorama genügt

---

79 SAPMO-BArch, DY 30/IV/A 2/21/8, Stand und Hauptprobleme, S. 10.
80 Harald Wessel: La R.D.A. à la recherche d'un système d'enseignement moderne et démocratique. In: Démocratie Nouvelle 11 (1964), S. 77–84.
81 Le nouveau système économique. In: Démocratie Nouvelle 2 (1965), S. 94.
82 SAPMO-BArch, DY 30/IV/A 2/21/8, Stand und Hauptprobleme, S. 5.

haben: Darunter waren Justizministerin Hilde Benjamin, der Pädagoge, Schriftsteller und »Eulenspiegel«-Journalist Otto Häuser, später bekannt geworden durch seine Kinderbücher über den »braven Schüler Ottokar«,[83] der wissenschaftliche Berater der Staatlichen Plankommission (SPK) und spätere Vizepräsident der Akademie der Wissenschaften der DDR Werner Kalweit und der Wirtschaftswissenschaftler Rolf Gutermuth, der auch Journalist beim ND war.

Eingerahmt werden die Panorama-Beiträge von mehreren kurzen Artikeln, darunter auch das Editorial, die unter dem Kürzel »journal à 4 voix« bzw. »j4« von vier französischen Autoren verfasst wurden, darunter der bekannte Schriftsteller und Übersetzer Henri Deluy. Diese vier hatten kurz zuvor eine Studienreise in die DDR einschließlich Ost-Berlin unternommen, von deren Erfahrungen die Kurzartikel berichten, wobei die Entwicklung in der DDR hier exemplarisch für die »vielfachen Schwierigkeiten, auf die der Aufbau des Sozialismus in einem sehr hoch entwickelten Land stößt« stehen soll. Hier wird die politische Position der Zeitschrift deutlich, dennoch sind die Autoren durchaus zu kritischen Beobachtungen fähig, wie die unmittelbar folgende Beschreibung Ost-Berlins als grau, unmäßig und unförmig in der Architektur sowie wenig belebt zeigt. Der Eindruck der Mauer wird ebenfalls als ein bedrückender und hässlicher geschildert; jedoch sei der Bau eine Notwendigkeit gewesen, da der Staat durch Abwerbung von jungen Fachkräften in den Westen und das tonnenweise Verschwinden von Waren des täglichen Bedarfs, die in Ost-Berlin zu günstigen Preisen angeboten wurden, gleichsam langsam ausgeblutet sei und somit seine Grenzen, wie andere Staaten auch, besonders hatte schützen müssen.[84] Hier waren die Propagandisten der SED sehr erfolgreich; nicht nur, dass die französischen Autoren ihre Interpretation der deutsch-deutschen Verhältnisse übernommen hatten. Überdies hatten sie ganz im Stil des in der Auslandsinformation der DDR so geschätzten Konzeptes des »Andere über uns« noch eine Rechtfertigung des Mauerbaus durch »objektive« Beobachter von außen geliefert.

Hierauf folgt ein Artikel von Rolf Gutermuth, der unter dem Titel »Les Cadres du Socialisme allemand« die schwierigen Bedingungen des Aufbaus der DDR nachzeichnet. Die »antikommunistische Propaganda« zeige immer nur die Probleme, nie aber die Errungenschaften, die mit dem Aufbau des Sozialismus verbunden seien.[85] Dabei habe es die DDR besonders schwer gehabt in der Nachkriegszeit: Schon aufgrund der Verteilung der industriellen Zentren in Deutschland sei der Westen des Landes strukturell im Vorteil gewesen; zudem hätten die Westmächten von Anfang an den wirtschaftlichen Aufbau in der DDR blockiert und sabotiert sowie durch Demontage von Industrieanlagen erschwert, wobei als Beispiel kurioserweise der Abbau der Borsig-Werke in West-Berlin durch die französische Besatzungsmacht angeführt wird.[86] Von Demontage auf Veranlassung der Sowjetunion ist keine Rede; sie sei im Gegenteil die

---

83 Ein Jahr vor seinem Tod 2007 erhielt Häuser das Bundesverdienstkreuz für sein Lebenswerk.
84 Henri Deluy et al.: Journal à 4 voix. In: Démocratie Nouvelle. Numéro spécial 12 (1965), S. 1f.
85 Rolf Gutermuth: Les cadres du socialisme allemand. In: Démocratie Nouvelle. Numéro spécial 12 (1965), S. 5.
86 Ebd., S. 7.

einzige Macht gewesen, die nach dem Beginn der wirtschaftlichen Blockade der DDR durch den Westen 1948 Direkthilfe geleistet und somit das Überleben des Landes gesichert habe – der Autor spricht für das Jahr 1948 tatsächlich von der »DDR«.[87] Zudem habe die DDR, gewissermaßen im Namen des gesamten Deutschland, seit 1947 alleine Reparationen an die vom Faschismus verwüsteten Länder gezahlt, während die Bundesrepublik »die Goldgrube amerikanischer Dollars empfing.«

Trotz dieser Voraussetzungen, in Verbindung mit einem bis zum Mauerbau währenden »Wirtschaftskrieg« des Westens, der 30 Milliarden Mark Verlust für die DDR bedeutet hätte, sei ein »Wirtschaftswunder« geschaffen worden. Plangemäß befand sich die DDR, so der Befund Gutermuths, nach der Errichtung einer »antiimperialistischen« und »demokratischen« Ordnung und nach dem Übergang zum Aufbau des Sozialismus, nun in der Periode der Vollendung der sozialistischen Gesellschaftsordnung. Die Politik der »chantage économique«, der wirtschaftlichen Erpressung, sei somit nicht erfolgreich gewesen; vielmehr habe die DDR ihre wirtschaftlichen Probleme in enger Zusammenarbeit mit den sozialistischen Ländern in den Griff bekommen und wäre auch an einer fruchtbaren ökonomischen Kooperation mit den westlichen Ländern interessiert, sofern diese bereit seien, auf ihre Methoden des »kalten Kriegs« zu verzichten.[88] Gutermuth schließt mit dem Verweis auf die Position der DDR unter den zehn größten Industriestaaten der Erde und der Feststellung: »Der erste Staat der Arbeiter und Bauern in Deutschland ist fest gegründet – materiell, ökonomisch, politisch und ideologisch.«[89]

Diese Entstehungsgeschichte fügt sich als »Popularisierung der Entwicklung und der Errungenschaften der DDR« in den Rahmen der Auslandsinformation; der erfolgreiche und auf allen Gebieten stabile Staat soll somit als ein fester Bestandteil des europäischen Staatengefüges präsentiert werden. Gespickt mit Daten zu wirtschaftlichen Verhältnissen und Produktionsleistungen ist der Artikel zudem durchdrungen von historischem Materialismus und unbedingtem Fortschrittsglauben und will damit auch die wirtschaftliche Leistungsfähigkeit der DDR in den Vordergrund rücken.

Zu dieser Leistungsschau tragen auch die zwischen die Panorama-Artikel geschobenen Kurzberichte der vier französischen Journalisten bei, in denen sie sich beeindruckt zeigen vom Stand der Automatisierung in der Wirtschaft der DDR, an den Beispielen des Braunkohletagebaus in Schwarze Pumpe etwa oder der großen Betriebe wie »Leuna II«. Sicher sei nicht die ganze DDR auf diesem modernen Stand, doch sie entwickle sich sehr schnell. Ihnen gehe es nicht darum, versichern die Autoren, das zu verbergen, was noch vom »alten Deutschland« übrig sei; vielmehr nähmen sie hier eine »futuristische« Perspektive ein auf die bereits erreichten Erfolge bei der Überwindung dieses Erbes in der DDR.[90] »[Die] große Bewegung«, die seit dem XX. Parteitag der KPdSU 1956 die sozialistische Welt ergriffen hätte, sei auch in der DDR zu spüren; sie bringe eine Demokratisierung mit sich, die für die volle Entfaltung des Sozialismus

---

87 Gutermuth: Cadres, S. 7.
88 Ebd., S. 8–10.
89 Ebd., S. 10.
90 Deluy et al.: j4, S. 11.

nötig sei und die in der DDR, die ja nur ein »Stück eines Landes« sei, vor dem Mauerbau wegen der permanenten Sabotagetätigkeit des Westens nicht in diesem Umfang möglich gewesen wäre.[91]

Die französischen Journalisten konstatieren geradezu mit Erleichterung diese vermeintliche Demokratisierung im Gefolge des »Tauwetters« seit Stalins Tod; eine typische Position für westliche Linke dieser Zeit, die selbst nicht die Entbehrungen des Lebens in einem staatssozialistischen Land zu tragen hatten und sich so äußerst schwer taten, ihre vermeintlich humanistischen Zukunftsvisionen aufzugeben. Das machte sie zu idealen Zielgruppen für die Auslandspropaganda der DDR, deren Argumentationslinien sie fast kritiklos übernahmen. Zudem wussten die Autoren natürlich nicht, dass im selben Monat, in dem ihre Artikel in Frankreich erschienen, die SED in Ostberlin auf dem 11. Plenum des ZK die wenigen Freiheiten der Tauwetterperiode mit einem rigorosen »Kahlschlag« wieder zunichte machte.[92] Und auch die von Ulbricht angestoßenen Wirtschaftsreformen im Rahmen des NÖSPL, die auf eine größere Unabhängigkeit der Betriebe abzielten und der DDR kurzfristig ein »kleines Wirtschaftswunder« ermöglichten, wurden wenige Jahre später beim Machtantritt Erich Honeckers 1971 wieder rückgängig gemacht, um die umfassende Kontrolle der Partei über die die Wirtschaft zu sichern.

Mitte der 1960er Jahre allerdings waren die Wirtschaftsreformen noch die zentrale ökonomische Linie der Partei, und ihre Propagierung war auch in der Auslandsinformation vorgesehen. Dementsprechend erklärt ein Artikel des Mitarbeiters der Staatlichen Plankommission, Werner Kalweit, die grundlegenden Prinzipien des NÖSPL. Das maßgebliche Ziel der Änderungen am bisherigen System der Planung und Leitung sei es, die volle Entwicklung der Triebkräfte der sozialistischen Entwicklung der Gesellschaft innerhalb des Systems der Planwirtschaft zu ermöglichen. Dazu müsste jedem Arbeiter die Beziehung zwischen dem wirtschaftlichen Fortschritt der Gesellschaft und seinem »intérêt matériel individuel«, seiner individuellen materiellen Interessiertheit, wie es im DDR-Sprachgebrauch hieß, vor Augen geführt werden. Dies geschehe, indem das Wirtschaftssystem so gestaltet werde, dass »alles, was für die Gesellschaft nützlich ist, ebenfalls vorteilhaft für das einzelne Unternehmen und für den einzelnen Arbeiter sein muss.«[93] Unter den Bedingungen des Wiederaufbaus nach dem Krieg sei die Planung relativ einfach gewesen; es habe sich vordringlich darum gehandelt, die grundlegendsten Bedürfnisse der Menschen zu befriedigen und Arbeit für alle zu schaffen.[94] Dies ist schlichtweg falsch, tatsächlich ging es in den 1950er Jahren in der DDR vorrangig um den Aufbau der Schwerindustrie; erst allmählich wurde man sich wegen der sich zunehmend äußernden Unzufriedenheit der Bevölkerung bewusst, dass die Produktion von Waren des alltäglichen Bedarfs stark

---

91 Deluy et al.: j4, S. 12.
92 Vgl. Günter Agde (Hrsg.): Kahlschlag: Das 11. Plenum des ZK der SED 1965. Studien und Dokumente. Berlin 1991.
93 Werner Kalweit: Le nouveau système de planification et de direction. In: Démocratie Nouvelle. Numéro spécial 12 (1965), S. 32.
94 Ebd., S. 34.

vernachlässigt worden war. Auf die Überwindung dieser strukturellen Fehlgestaltung der Wirtschaft zielte später Honeckers Konzept der »Einheit von Wirtschafts- und Sozialpolitik«.

Die frühere Methode der Planung, so Kalweit weiter, die bis ins Detail die Aufgaben der Betriebe festgelegt hatte, sei vor dem Hintergrund der sich vollziehenden technischen Revolution in der industriellen Produktion nicht mehr zeitgemäß; vielmehr müsse sie flexibler werden und eher die »dynamische Entwicklung der Strukturen« planen.[95] Dabei beeilt sich der Autor zu versichern, dass es nicht das System der zentralen Planung selbst sei, das in der Vergangenheit zu Problemen wie etwa der Verhinderung von notwendigen Weiterentwicklungen durch ausufernden Bürokratismus geführt habe, sondern nur durch ihre falsche Leitung. Grundsätzlich sei die zentrale Planung der Schlüssel der sozialistischen Produktion, mit dem die kapitalistische überholt werden könne, weil sie eine höhere Rationalisierung in Produktion und Vertrieb ermögliche.[96]

Nach der Präsentation von grundsätzlichen politischen und wirtschaftlichen Sachverhalten folgen noch zwei Hauptartikel, die sich mit gesellschaftlichen Thematiken beschäftigen. In einem Text über über die Familienpolitik der SED stellt Walter Baur zunächst das neue Familiengesetzbuch der DDR vor, das Ende Dezember 1965 in Kraft trat. Der Autor betont die direkte Mitwirkung von weiten Teilen der Bevölkerung an der Ausarbeitung des Gesetzbuchs; so hätten über 750 000 Bürger an Veranstaltungen zur »öffentlichen Diskussion« des Werkes teilgenommen, deren vielfältige Anregungen in die parlamentarische Diskussion aufgenommen worden seien.[97] Hiermit soll die DDR als Staat erscheinen, in dem die Demokratie viel weiter geht als in den westlichen Staaten, denn es wird eine breite gesamtgesellschaftliche Diskussion von Gesetzesvorhaben suggeriert, die wie in diesem Fall auch stets zu einem von allen akzeptierten Konsens führe.

Des Weiteren präsentiert sich die DDR als gesellschaftspolitisch moderner und liberaler als der Westen, wie Baur mit Bemerkungen über die nicht stattfindende Diskriminierung von unehelichen Kindern und deren Müttern hervorhebt. Zudem sinke das Durchschnittsalter der Eheschließenden kontinuierlich, was darauf zurückzuführen sei, dass junge Menschen in der DDR einerseits schon früh mit verantwortungsvollen Aufgaben betraut würden und dadurch reifer seien, und andererseits recht bald über ein »relativ hohes« Einkommen verfügten, was beides eine frühe Familiengründung befördere.[98] Auch der Umgang mit einer gescheiterten Ehe sei in den sozialistischen Staaten fortschrittlicher als etwa in Westdeutschland, da hier nicht nach der individuellen Schuld der jeweiligen Partner am Bruch der Beziehung gesucht werde, sondern lediglich der Ruin der Ehe festgestellt werde. Die Zahl der Scheidungen sei

---

95 Kalweit: Système, S. 34.
96 Ebd.
97 Walter Baur: Famille, mariage, divorce. In: Démocratie Nouvelle. Numéro spécial 12 (1965), S. 71.
98 Ebd., S. 74.

relativ hoch, da die Frauen wirtschaftlich unabhängiger und daher nicht auf ihren Mann als Ernährer angewiesen seien.[99]

Der »realsozialistische« Staat wird hier als Umfeld mit idealen Bedingungen für eine Familiengründung dargestellt und soll hier als fortschrittlicher und gesellschaftspolitisch liberaler erscheinen als die westlichen Gesellschaften, vor allem die Bundesrepublik. Allerdings gab es auch eine wesentliche Gemeinsamkeit zwischen den beiden deutschen Staaten: Haushalt und Kindererziehung waren Aufgaben der Frau, egal ob sie berufstätig war oder nicht. Die größere wirtschaftliche Unabhängigkeit bezahlten die Frauen in der DDR in der Regel mit einer Doppelbelastung durch Beruf und Hausarbeit. Zudem blieben in der DDR wie auch in der Bundesrepublik Straftatbestände aus dem Kaiserreich bis Ende der 1960er Jahre bestehen, wie etwa Kuppelei, Homosexualität unter Erwachsenen oder Ehebruch.[100]

Auch auf die Entwicklung der Kriminalität habe die Errichtung der sozialistischen Gesellschaft eine positive Einwirkung, wie die damalige Justizministerin der DDR, Hilde Benjamin in einem Artikel über »Justiz und Kriminalität« darlegt. Um rund ein Drittel sei die Zahl der registrierten Delikte in den vorangegangenen zwanzig Jahren zurückgegangen, während die Kriminalität in der Bundesrepublik mehr als dreimal so hoch liege. Dies sei üblich für die kapitalistischen Staaten, während der »sozialistische Kontext« in der DDR dafür sorge, dass gewisse Straftaten wie etwa Zuhälterei, Drogenhandel oder Erpressung fast vollständig verschwunden seien.[101] Es folgt eine Schilderung des »antifaschistischen« Wiederaufbaus des Justizsystems auf Initiative der Kommunisten nach 1945 und seine umfassende Demokratisierung, infolge derer nun zehntausende Bürger in verschiedenen Gremien an der Rechtsprechung teilnähmen und sich auf diesem Weg auch mehr »Gewissen« in der Bevölkerung herausgebildet habe.[102] Benjamin betont: »Die gewählten Richter sind frei in ihren Entscheidungen und nur der Verfassung und dem Gesetz unterworfen.«[103] Niemand habe das Recht, die Justiz zu beeinflussen, und in die individuellen Freiheitsrechte der Bürger könnte nur auf einen richterlichen Beschluss hin eingegriffen werden. Mit dieser Argumentation sollte den westlichen Lesern eine von der Politik unabhängige Justiz vorgegaukelt werden, die es in der DDR jedoch niemals gab. Grundsätzlich wurde auch das Recht von den Kommunisten als Mittel zum Zweck im Klassenkampf angesehen und daher dem Diktat der Partei unterworfen; ein Rechtsstaat westlicher Prägung wurde abgelehnt.[104] Die Kontrolle der Justiz durch die SED zeigt sich auch in der Tatsache, dass

---

99 Baur: Famille, S. 75–76.
100 Peter Borowsky: Die DDR in den sechziger Jahren. In: Informationen zur politischen Bildung 258 (1998) ⟨URL: http://www.bpb.de/publikationen/08848277605002510500926090697269,3,0, Die_DDR_in_den_sechziger_Jahren.html⟩ – letzter Zugriff am 12.10.2009.
101 Hilde Benjamin: Justice et délinquance. In: Démocratie Nouvelle. Numéro spécial 12 (1965), S. 78.
102 Ebd.
103 Ebd., S. 80.
104 Vgl. z. B. Volkmar Schöneburg: Rechts- und Justizpolitik. In: Andreas Herbst/Gerd-Rüdiger Stephan/Jürgen Winkler (Hrsg.): Die SED. Geschichte – Organisation – Politik. Ein Handbuch. Berlin 1997.

bereits 1950 fast 90 % der Staatsanwälte und über die Hälfte der Richter Parteimitglieder waren.[105]

Dieser für »Panorama DDR« besonders günstige Fall der Ausstattung einer kompletten Ausgabe einer Zeitschrift mit eigenem Material sollte allerdings die Ausnahme bleiben; zudem wurden solche Veröffentlichungen zwar als sehr wirkungsvoll angesehen, fielen aber eigentlich nicht in das ursprünglich abgesteckte Aufgabenfeld der Agentur und bedeuteten »jedesmal einen sehr großen Kraftaufwand«, weshalb dafür zusätzliche Kräfte und Mittel angefordert wurden,[106] die jedoch offensichtlich nicht gewährt wurden.

Für den selben Zeitraum zwischen Mitte 1964 und Anfang 1966 finden sich in der ebenfalls von der kommunistischen Partei herausgegebenen Wochenzeitung »France Nouvelle« zahlreiche, sehr wahrscheinlich von Panorama vermittelte Artikel. Als »Directeur politique« zeichnete François Billoux verantwortlich, ein Mitglied des Politbüros der PCF, und die Zeitung fungierte als »zentrales Wochenblatt der PCF«. Im September 1964 erschien ein übersetzter Text aus dem ND, in dem das ZK der SED das Verbot der KPD in der Bundesrepublik anprangerte.[107] Auf die »Multilateral Nuclear Force« (MLF) genannten amerikanischen Pläne, NATO-Kriegsschiffe mit Nuklearsprengköpfen auszurüsten, um so den selbst nicht über Atomwaffen verfügenden Bündnispartnern Zugriff darauf zu ermöglichen,[108] bezog sich einen Monat später ein Artikel von Gerhard Kegel, außenpolitischer Funktionär beim ZK und persönlicher Mitarbeiter Walter Ulbrichts. Der üblichen Rhetorik folgend, nach der die DDR durch die »Beseitigung von Imperialisten und Militaristen« die Bedingungen für einen stabilen Frieden geschaffen habe, erhöhe die MLF deutlich die Gefahr eines Atomkriegs in Europa. Die Verantwortung für das Wettrüsten sollte somit allein dem Westen zugeschoben werden. Dabei handele es sich bei der MLF zugleich um ein Instrument der Bonner Politik, um ihre »Revisionspläne« durchzusetzen, also die Wiederherstellung der deutschen Grenzen von 1937.[109] Über dieses »MLF-Material« und seine Veröffentlichung in Frankreich wurde explizit ans Politbüro berichtet.[110] Der Topos von der Missachtung des Selbstbestimmungsrechts der Völker durch Revisionsforderungen der Bonner Regierung taucht immer wieder auf, so z. B. in einem Text von Herbert Kroeger,[111] oder auch in einem transkribierten Radiointerview mit Walter Ulbricht vor den Bundestagswahlen vom September 1965, in dem der SED-Chef zudem noch die CDU als »den Angriffskrieg der USA unterstützende Kriegspartei«

---

105 Klaus Schroeder: Der SED-Staat. Partei, Staat und Gesellschaft 1949–1990. München 1998, S. 107.
106 SAPMO-BArch, DY 30/IV/A 2/21/8, Stand und Hauptprobleme, S. 10.
107 Liberté pour le Parti Communiste Allemand. In: France Nouvelle, Nr. 985 v. 2.9.1964, S. 21f.
108 Ausführlicher zu diesen Plänen und den sowjetischen Reaktionen darauf siehe Hal Brands: Nonproliferation and the dynamics of the middle Cold War: The superpowers, the MLF and the NPT. In: Cold War History 7 (2007), S. 393f.
109 Gerhard Kegel: Raisons allemandes contre la M.L.F. In: France Nouvelle, Nr. 1000 v. 16.12.1964, S. 27–29.
110 SAPMO-BArch, DY 30/IV/A 2/21/8, Stand und Hauptprobleme, S. 10.
111 Herbert Kröger: Allemagne: Le droit à l'autodétermination et les deux états allemands. In: France Nouvelle, Nr. 1009 v. 17.2.1965, S. 19-20.

bezeichnet, die aus Deutschland ein »neues Vietnam« machen wolle. Ulbricht gab seiner Hoffnung auf eine künftige SPD-Regierung Ausdruck.[112]

Einen Versuch, den westeuropäischen Lesern den »Pluralismus« des politischen Systems der DDR zu beweisen, stellt ein Artikel von Max Suhrbier, dem Vorsitzenden der Blockpartei LDPD dar. Die Erfordernisse des Aufbaus nach dem Krieg hätten eine Zusammenarbeit aller »antifaschistisch-demokratischen Kräfte« erfordert, woraus schließlich die »Nationale Front« entstanden sei; ab 1946 hätte die SED über eine stabile Mehrheit verfügt, aber dennoch die übrigen Parteien zur Kooperation eingeladen.[113] Ein weiteres Thema, das Mitte der 1960er Jahre immer wieder von der DDR verwendet wurde, um die Bundesrepublik zu diffamieren, war die Tätigkeit des damaligen Bundespräsidenten Heinrich Lübke während des Nationalsozialismus. Der Artikel vom Februar 1966 wurde zwar von einem Redakteur von »France Nouvelle« verfasst,[114] es ist jedoch anzunehmen, dass Panorama hierfür Material geliefert hat; unter anderem werden auch die Baupläne der Konzentrationslagerbaracken abgebildet, die vermeintlich Lübkes Unterschrift tragen.[115] Das »Lübke-Material« führte laut Panorama zu mehreren Veröffentlichungen in Frankreich, Belgien und Mexiko.[116]

Zwischen Mitte 1966 und Frühling 1972 findet sich kein direkter Hinweis auf Panorama-Veröffentlichungen in den Akten. Allerdings erschien in »Le Monde« im Dezember 1968 eine ganze Seite mit Artikeln über die DDR, deren oberes Drittel von einem Haupttext unter dem Titel »Le développement et les perspectives des relations économiques entre la République Démocratique Allemande et la France«[117] eingenommen wird. In der Kopfzeile der Seite erscheint allerdings der Hinweis »publicité«, es handelt sich hier also um bezahlte Werbung, die aber wie der redaktionelle Inhalt der Zeitung gesetzt wurde. Der Hauptartikel von Gerhard Beil, dem damaligen stellvertretenden Außenhandelsminister, stellt zunächst die wirtschaftliche Leistungsfähigkeit der DDR heraus; die Wirtschaft sei etwa beim Grad der Arbeitsteilung »à l'échelon du monde«, auf Weltniveau. Für eine engere ökonomische Kooperation mit Frankreich wird geworben, für die allerdings erst Hemmnisse wie etwa Reisebeschrän-

---

112 Allemagne: La R.D.A. et les élections en R.F.A. Une interview de Walter Ulbricht. In: France Nouvelle, Nr. 1038 v. 8.9.1965, S. 15.
113 Max Suhrbier: R.D.A.: La pluralité des partis. In: France Nouvelle, Nr. 1043 v. 13.10.1965, S. 19f.
114 Florimont Bonte: Allemagne occidentale: Criminel de guerre et président de la République. In: France Nouvelle, Nr. 1062 v. 23.2.1966, S. 16.
115 Eine abschließende Bewertung der Echtheit dieser Pläne ist bis heute schwierig. Lübkes Rolle im Umfeld der Luftwaffenerprobungsstelle der Wehrmacht in Peenemünde jedoch wird von Jens-Christian Wagner, dem Leiter der KZ-Gedenkstätte Mittelbau-Dora, wie folgt eingeschätzt: »Lübke war sicherlich kein Kriegsverbrecher. Vor dem Hintergrund seiner Tätigkeit in Peenemünde [...] erscheint der spätere Bundespräsident aber als einer der vielen vermeintlich technokratischen Ingenieure und Verwaltungsfachleute, die ihre Kenntnisse in den Dienst des Systems gestellt und dabei die dehnbare Trennlinie zwischen Mitwisser- und Mittäterschaft überschritten haben, ohne selbst überzeugte Nationalsozialisten gewesen zu sein«, Jens-Christian Wagner: Der Fall Lübke. War der zweite Präsident der Bundesrepublik Deutschland tatsächlich nur das unschuldige Opfer einer perfiden DDR-Kampagne? In: Die Zeit, Nr. 30 v. 19.7.2007 ⟨URL: http://www.zeit.de/2007/30/Heinrich-Luebke⟩ — letzter Zugriff am 20.10.2009.
116 SAPMO-BArch, DY 30/IV/A 2/21/8, Stand und Hauptprobleme, S. 10.
117 Le Monde, 18.12.1968, S. 27.

3.2 Praxis: Die Arbeit von »Panorama DDR« in Frankreich und Großbritannien 69

kungen für DDR-Bürger beseitigt werden müssten. In weiteren Texten werden das Bildungssystem der DDR vorgestellt, eine Reform der Akademie der Wissenschaften in Berlin erläutert und ein in der DDR für Frankreich gebautes Hochseetransportschiff beschrieben. Dazu kommen verschiedene kleine Meldungen unter dem Titel »Informations de la R.D.A.«;[118] die Seite sollte also wie eine ganz normale Zeitungsseite wirken. Man baute offenbar darauf, dass die meisten Leser den Hinweis »publicité« übersehen würden. Im Rahmen einer systematischen Untersuchung von »Le Monde« hinsichtlich des vermittelten Deutschlandbildes für den Zeitraum zwischen der Unterzeichnung des Elysée-Vertrags 1963 und den Bundestagswahlen 1983 stellt Christian Schmitz fest, dass es sich bei diesen Texten um die einzigen Artikel bis Ende der 1960er Jahre handelt, die ein positives Bild der DDR entwerfen; sie müssten von Ostdeutschen verfasst worden sein.[119] Ob diese »Werbung« von Panorama in Auftrag gegeben wurde, lässt sich nicht endgültig klären. Möglicherweise war »Interwerbung« für solche Anzeigen zuständig. Zumindest die verwendeten Texte, zumal in französischer Übersetzung, dürften jedoch von der Agentur bereitgestellt worden sein.

Allgemein stellt Schmitz unter Zustimmung des ehemaligen Chefredakteurs Jacques Fauvet fest, dass in »Le Monde« nur sehr spärlich über die DDR berichtet wurde, wobei sie hier schon mehr beachtet worden sei als von den übrigen französischen Zeitungen.[120] Das Bild des SED-Staates fiel dabei fast durchweg negativ aus, wie etwa am Beispiel einer mehrteiligen Reportage des Deutschland-Korrespondenten Roland Delcour von 1964 zu sehen sei, in der die DDR als hoffnungslos rückständig, trist und unbeweglich erscheint und das Leiden der Bevölkerung unter dem repressiven System herausgestellt wird.[121] Diese Artikelserie wird von Ulrich Pfeil dahingehend missinterpretiert, als dass sie angeblich den politischen und wirtschaftlichen Fortschritt des ostdeutschen Staates bewiesen und daher in Frankreich das Interesse an der DDR gesteigert sowie die Idee einer diplomatischen Anerkennung vor allem bei den Gaullisten verbreitet habe.[122]

Laut Schmitz nimmt »Le Monde« eine »hervorragende Stellung innerhalb der französischen Presselandschaft«[123] ein; sie sei zwar nicht mit der französischen öffentlichen Meinung gleichzusetzen, die grundlegenden, auf Deutschland bezogenen Vorstellungen und Denkschemata der Franzosen spiegelten sich aber in ihr wieder. Folgt man dieser Einschätzung, so lässt sich feststellen, dass die Auslandsinformation der DDR kaum Erfolg hatte bei dem Versuch, die öffentliche Meinung in Frankreich auf ein positives DDR-Bild hin zu beeinflussen. Schmitz diagnostiziert gar, dass »l'autre Allemagne«, wie die DDR in Frankreich auch bezeichnet wurde, mit dem Topos »le

---

118 Le Monde, 18.12.1968, S. 27.
119 Christian M. Schmitz: Zwischen Mythos und Aufklärung: Deutschland in der außenpolitischen Berichterstattung der Zeitung »Le Monde« 1963 bis 1983. Frankfurt am Main u. a. 1990, S. 100.
120 Ebd., S. 97f.
121 Die durchweg kritische Tendenz dieser Artikel wird auch von Bernhard Escherich bestätigt, vgl. Escherich: Bild der DDR, S. 28.
122 Pfeil: Relations, S. 82.
123 Schmitz: Mythos, S. 3.

problème allemand« in Frankreich letztlich gar nicht identifiziert wurde.[124] Die Tatsache, dass Panorama-Artikel als bezahlte Werbung in »Le Monde« erschienen, zeigt zudem, dass die Agentur hier und auch offensichtlich bei den meisten anderen großen französischen Zeitungen auf »normalem« Weg kein eigenes Material zur Veröffentlichung bringen konnte.

Mit wie redaktioneller Inhalt gestalteter Zeitungswerbung arbeitete die Auslandsinformation noch einmal im Frühling 1972 während der Pariser Messe, auf der die DDR mit einer eigenen Repräsentation vertreten war. Der Messeauftritt wurde als großer propagandistischer Erfolg an das Politbüro gemeldet. In einem »noch nicht erreichten Umfang« habe man durch einen kombinierten Einsatz verschiedener Mittel und Medien große Teile der französischen Bevölkerung erreicht, allein durch die Arbeit mit den wichtigsten Medien etwa zehn bis 15 Millionen Menschen mit der Ausstellung und wichtigen politischen Positionen der DDR bekannt gemacht und somit »eine echte Masseninformation über die Politik von Partei und Regierung« gewährleistet.[125] Die Auslandsinformation war hierbei durch eine Kooperation von MfAA, der Liga für Völkerfreundschaft, der Auslandsfilmgruppe »Camera DDR«, Interwerbung und »Panorama DDR« vertreten. Die Eigenberichterstattung der großen französischen Zeitungen wurde zum Teil durch bezahlte Beilagen ergänzt, »die jedoch so aufgemacht waren, daß dem Durchschnittsleser dieser Umstand nicht bekannt wurde.«[126] So etwa in der Boulevardzeitung »France Soir«, in deren Ausgabe vom 29. April 1972 eine dreiviertel Seite unter dem Titel »Une attraction de la R.D.A. à la foire de Paris« für den Messeauftritt der DDR warb.[127] Die Gestaltung folgt genau dem sonstigen redaktionellen Inhalt des Blattes; die Seite enthält neben kurzen Messeinformationen noch zwei größere Artikel, über touristische Ziele in der DDR mit einem Foto des Dresdner Zwingers und einen Bericht über die Versorgung von Dialysepatienten sowie einige kleinere Meldungen. In der Kopfzeile ist allerdings der Hinweis »publi-information« gesetzt, der die Beiträge als Werbung kennzeichnet. Der euphorische Ton des Berichts an das Politbüro täuscht leicht darüber hinweg, dass offenbar trotz aller Anstrengungen die französischen Medien dem Messeauftritt der DDR nicht die gewünschte Aufmerksamkeit zukommen ließen und daher mit bezahlter Werbung gearbeitet werden musste, um wenigstens ansatzweise die eigenen Positionen zu verbreiten.

Das Bild, das sich anhand der Akten von der Panorama-Arbeit in Frankreich zeichnen lässt, kann also folgendermaßen umrissen werden: Der Plan, in größeren, »bürgerlichen« Medien Veröffentlichungen zu erzielen, konnte nicht im gewünschten Umfang verwirklicht werden, was die Beispiele der Sportzeitung »Miroir Sprint«, des Wirtschaftsfachblattes »Les Echos« und vor allem von »Le Monde« zeigen: Panorama hatte in diesen Fällen dem Politbüro teilweise falsche Informationen geliefert, indem

---

124 Schmitz: Mythos, S. 98.
125 SAPMO-BArch, DY 30/J IV 2/2 J 4129, Information über die Tätigkeit der Auslandsinformation der DDR während der internationalen Messe in Paris (29.4. bis 14.5.72), 31.5.1972, S. 1.
126 Ebd., S. 4.
127 France Soir, 29.4.1972, S. 5.

Veröffentlichungen gemeldet wurden, die nicht erfolgt waren, um einen gewissen Erfolg vorzutäuschen. Eine Ausnahme bildet die allerdings relative kleine Zeitschrift »L'Europe Orientale«, wobei sich hier außerdem der erreichte Leserkreis im wesentlichen auf in Osteuropa aktive Geschäftsleute beschränkt haben dürfte. Eigenes Material mit politischem Inhalt wurde nur von kommunistischen Publikationen angenommen, wie bei »Démocratie Nouvelle« und »France Nouvelle« geschehen. Hier dürfte Panorama weitgehend freie Hand bei der Gestaltung der Themen gehabt haben; die Analyse ergibt, dass sich hier genau die Argumentationslinien finden, die vom Politbüro 1963 im zentralen Strategiepapier für die Auslandsinformation festgelegt wurden. Es ist allerdings zu vermuten, dass der Großteil der so erreichten Leser ohnehin aufgrund der eigenen politischen Position zumindest grundsätzlich mit der DDR sympathisiert haben dürfte und daher keine wirkliche Überzeugungsarbeit geleistet werden musste. Schließlich scheinen die Akten der höchsten mit der Auslandsinformation befassten Parteigremien, die ab 1966 keine ausführlichen Berichte mehr über die Arbeit von Panorama enthalten, darauf hinzudeuten, dass die Agentur zunehmend aus dem Blickfeld der Verantwortlichen in der Auslandsinformation geriet, da sie die anfangs hoch gesetzten Erwartungen nicht erfüllen konnte. Das zeigt sich auch daran, dass Veröffentlichungen von Panorama-Material in den anvisierten großen Zeitungen wie »Le Monde« etc. nur als bezahlte Werbung realisiert werden konnten. Über die Publikationen der relativ starken kommunistischen Bewegung in Frankreich konnte die Agentur allerdings zumindest einen Teil der französischen Öffentlichkeit erreichen.

Großbritannien

Diese Möglichkeit fehlte in Großbritannien weitgehend, wo, wie in Kapitel 2.2 dargelegt, kommunistische Organisationen nur von marginaler Bedeutung und außerdem die Beziehungen zwischen SED und CPGB problematisch waren. Ebenso wie in anderen europäischen Hauptstädten wie z. B. Paris, Amsterdam und Oslo hatte »Panorama DDR« auf Bestellung des MfAA die KfA-Vertretung »beliefert«; um welches Material es sich dabei handelte, wird nicht genannt, jedoch habe dieser Vertriebsweg ohnehin keinerlei Erfolg gebracht.[128]

Die Agentur arbeitete in Großbritannien mit dem PR-Unternehmen »Lex Hornsby & Partners Ltd.« (LH&P) zusammen, das seit 1964 Wirtschaftswerbung für die DDR realisierte und auch Aufgaben aus dem Public-Diplomacy-Bereich übernahm, wie etwa kulturelle Werbung im Auftrag der DEBRIG. Hornsby gab z. B. das vierteljährlich[129] in einer Auflage von 3 000 erscheinenden Bulletin »About« heraus und organisierte Ausstellungen; dazu kam die Verbreitung von Pressematerialien an britische Zeitungen und Zeitschriften.[130] Dieses Material stammte in der Regel von

---
128 SAPMO-BArch, DY 30/IV/A 2/21/8, Stand und Hauptprobleme, S. 6.
129 Und nicht zweimonatlich, wie von Hoff dargestellt, vgl. SAPMO-BArch, DY 30/IV/A 2/21/8, Einschätzung der auslandsinformatorischen Tätigkeit und Wirksamkeit der DDR in Großbritannien, 1966, o. D., S. 19.
130 Hoff: Diplomatie, S. 443.

Panorama. Die Agentur hatte in England direkten Kontakt zu einigen Zeitungen aufgenommen, vor allem zu Sportpublikationen, wo auch einige Veröffentlichungen erfolgt sein sollen, die in den Akten jedoch nicht näher spezifiziert werden.[131] Nur zwei Blätter werden namentlich genannt: »World Sports«, eine monatlich erscheinende Sportzeitschrift, die in dem britischen Presseindex »Willing's Press Guide« von 1964 aufgeführt wird,[132] und »Soccer«, für die sich dort kein Eintrag findet. Möglicherweise ist auch »World Soccer« gemeint; diese ebenfalls monatlich erscheinende Zeitschrift gab es zwar,[133] die Annahme ist jedoch reine Spekulation. Nachdem darüber hinaus von »einigen« nicht namentlich genannten »Provinzzeitungen« die Rede ist, erscheint es kaum lohnenswert, die einzige sicher verfügbare Zeitung »World Sports« auf Panorama-Material zu untersuchen, für die französischen Zeitungen »Les Echos« und »Miroir Sprint« nicht erfolgte Publikationen angegeben wurden, die Angaben also durchaus zweifelhaft sind.

Darüber hinaus waren, zumindest in den ersten beiden Jahren, Sport- und Kulturperiodika nicht die von der Agentur eigentlich anvisierten Medien in Nord- und Westeuropa: »Das Eindringen in nichtkommunistische oder nicht den Kommunisten nahestehende Zeitungen oder Zeitschriften beschränkt sich [...] gegenwärtig im wesentlichen immer noch auf Sport- und Kulturmaterialien.«[134] Der Möglichkeit, über solche Themen die Politik der DDR »durch die Hintertür« zu propagieren, wurde zumindest in den ersten Jahren nach dem Politbürobeschluss zur Auslandsinformation noch keine große Bedeutung beigemessen, auch wenn sich aus den bis 1966 gewonnenen Erfahrungen bereits Lerneffekte abzeichneten: »Der Anteil der Kultur- und besonders der Sportbeiträge nach diesen Ländern [westliches Ausland, d. Verf.] muß noch größer werden. Der Sport spielt mit bisher rund 5 % der angebotenen Materialien eine viel zu geringe Rolle.«[135]

Ab 1965 übernahm Lex Hornsby die Verteilung des Panorama-Materials, das er hauptsächlich in Fachzeitschriften zur Veröffentlichung brachte. Diese nach den ersten Erfahrungen von der Agentur favorisierte Vorgehensweise der Bearbeitung und Verbreitung von »Rohmaterial« durch einen Mitarbeiter vor Ort führte zwar zu Fortschritten, zufrieden war man mit den Ergebnissen jedoch nicht.[136] Eine dem zitierten Bericht beigefügte Liste mit in westlichen Ländern erfolgten Veröffentlichungen für den Zeitraum 1964–66 veranschaulicht die Situation: Während für Frankreich elf Artikel mit überwiegend politischen und ökonomischen Themen angeführt werden, waren es in Großbritannien nur vier Artikel, die ausschließlich Kultur- und Sportthemen behandelten, wie z. B. ein Text über das Gewandhausorchester Leipzig oder ein

---

131 SAPMO-BArch, DY 30/IV/A 2/21/8, Stand und Hauptprobleme, S. 5.
132 Willing's Press Guide 1964. A comprehensive index and handbook of the press of the United Kingdom of Great Britain, Northern Ireland and the Irish Republic; together with the prinicpal British Commonwealth, Dominion, Colonial and Foreign Publications. London 1964, S. 346.
133 Ebd.
134 SAPMO-BArch, DY 30/IV/A 2/21/8, Stand und Hauptprobleme, S. 10.
135 Ebd., S. 11.
136 Ebd., S. 5.

3.2 Praxis: Die Arbeit von »Panorama DDR« in Frankreich und Großbritannien 73

Bericht über Jagdwaffen aus Suhl.[137] Doch selbst mit den zunächst noch als bereits fertiggestellte Artikel übersandten Texten, deren Themen nicht unmittelbar politisch waren, hatte LH&P Probleme, wie die Korrespondenz der PR-Agentur mit der DEBRIG am folgenden Beispiel zeigt:

> »Regarding the Panorama article on football this does not exactly supply the information which we were after. Football in the G.D.R. is organised in quite a different way from this country and it is this aspect that would be of interest over here. For instance a detailed explanation of how the various works teams are organised; the set up of the football league; how referees come into the picture; the cost of entrance money; and the general picture of football within the G.D.R. rather than G.D.R. football in relation to international success.«[138]

Auch beim Einsatz von Kultur- und Sportthemen in Westeuropa war es für die Propagandisten in der DDR schwierig, sich vom gewohnten Muster zu lösen, jede Form von Erfolg oder Entwicklung immer als »Errungenschaft« des Sozialismus darzustellen. In diesem Fall ging es offenbar um einen Artikel zum Fußball in der DDR, der von den Panorama-Autoren zur Illustration der Leistungsfähigkeit bzw. des internationalen Ansehens des ostdeutschen Staates genutzt wurde, während die Leser in Großbritannien wohl mehr Interesse an den im Brief aufgelisteten praktischen Informationen gehabt haben dürften. An dieser Stelle wird wieder deutlich, dass die Presse in den staatssozialistischen Ländern eine völlig andere Aufgabe hatte als in einer freiheitlichen Gesellschaft: Es ging ihr nicht um Information und die Sicherstellung gesellschaftlicher Kommunikation, sondern vor allem um Ideologietransfer und damit um die Sicherstellung des Macht- und Gestaltungsanspruchs der Herrschenden.[139] Diese Tatsache dürfte, wenn auch im einzelnen schwer zu operationalisieren und nachzuweisen, einer der maßgeblichen Gründe für die relative Erfolglosigkeit der Auslandsinformation der DDR und hier besonders der Pressearbeit sein, denn die in den SED-Staat eingebundenen Mitarbeiter dieser Bereiche taten sich aufgrund der eigenen ideologischen Position schwer, sich auf die Funktionsweise westlicher Medien einzustellen. Wie bereits konstatiert, gab es allerdings durchaus gewisse Lerneffekte, so etwa die bei Panorama relativ bald erfolgte Feststellung, dass die Übersendung von »Rohmaterial« effektiver war als der Transfer fertig gestellter Artikel. Solche Erfahrungen führten aber selten zu einer Anpassung der Strategie; die Schwerfälligkeit der Parteibürokratie und der Druck, Erfolge zu melden, ließen konstruktive Einwände oft unberücksichtigt: Die DEBRIG etwa versuchte 1966 in einem umfangreichen

---

137 SAPMO-BArch, DY 30/IV/A 2/21/8, Publikationsliste: »Folgende Themen erzielten die meisten Veröffentlichungen«, 24.3.1966.
138 SAPMO-BArch, DY 13/1200, Schreiben von Mardie Henry von LH&P an Inge Fischer von der DEBRIG, 20.5.1965.
139 Siehe hierzu auch den hervorragenden Artikel des Ende der 1970er Jahre in die Bundesrepublik übergesiedelten DDR-Schriftstellers Günter Kunert, in dem diese Ideologiereproduktion am Beispiel einer DDR-Pressemitteilung über eine Hundezüchter-Veranstaltung veranschaulicht, die letztlich keinerlei Informationen über die Veranstaltung, sondern nur über die ideologische und organisatorische Disziplin der Beteiligten enthält und somit total austauschbar ist. Kunert nennt dieses Phänomen »fungierende Sprache« und vergleicht es mit George Orwells »Newspeak«, siehe Günter Kunert: Worte gegen Wirklichkeit. In: Geo Special: DDR 1 (1985), S. 84f.

Bericht nach Ost-Berlin, Gründe für die Uninformiertheit und das Desinteresse der britischen Bevölkerung an der DDR auch in eigenen Fehlern zu suchen und machte Verbesserungsvorschläge für die Auslandsinformation, die jedoch völlig übergangen wurden.[140]

Die Vorgehensweise der Vor-Ort-Bearbeitung des Panorama-Materials setzte Hornsby ab Juli 1965 nach einem Treffen mit Vertretern von der DEBRIG und Panorama auch in Großbritannien durch. Darüber hinaus wurde sogar festgelegt, dass von britischen Medien speziell nachgefragte Artikel von LH&P selbst verfasst und diese Leistung von der DEBRIG direkt bezahlt werden sollte, denn viele bis dahin erhaltene Panorama-Artikel seien zu allgemein gehalten und daher bestenfalls als Hintergrundmaterial zu gebrauchen. Gerade wenn die Artikel sofort zur Veröffentlichung kommen sollten, müssten sie immer einen aktuellen Bezug aufweisen; das nach Ost-Berlin übersandte Protokoll des Treffens enthielt auch gleich konkrete Themenvorschläge wie etwa die Berliner Festtage.[141]

Letztlich gelang es »Panorama DDR« ebenso wie in Frankreich nicht, in die großen Zeitungen und Zeitschriften des Landes einzudringen. In den 1950er Jahren hatte die DDR in Großbritannien laut Henning Hoff mit regelmäßigen Angriffen auf die Bundesrepublik als Zufluchtsort hochrangiger Nationalsozialisten vor allem in der Zeitschrift »Democratic German Report« noch über eine »recht effektive Propaganda-Waffe«[142] verfügt, die sich jedoch mit zunehmendem zeitlichen Abstand zum Kriegsende abgenutzt hatte und durch den Mauerbau, der einen massiven Imageschaden für den SED-Staat bedeutete, vollends wirkungslos wurde. Eine Reaktion darauf war zudem noch die Ausweisung des ADN-Korrespondenten 1962,[143] so dass nun vorläufig kein DDR-Journalist mehr in Großbritannien arbeiten konnte, was auch vier Jahre später noch für Unmut bei den Verantwortlichen der Auslandsinformation sorgte.[144] Auch die neue, mehr auf Selbstdarstellung der DDR setzende Strategie der Auslandsinformation ab 1963 konnte am Desinteresse weiter Teile der britischen Bevölkerung nichts substantiell ändern. Günther Barth, seit April 1967 für das MfAA in London tätig, lieferte eine ideologiekonforme Erklärung für die Schwierigkeiten der DDR-Auslandspropaganda in Großbritannien: Die britischen Printmedien seien ausgerichtet auf ein »Maximum der Ablenkung der Bevölkerung von wichtigen politischen Problemen«[145] und daher für auslandsinformatorische Zwecke kaum geeignet; nicht anders verhalte es sich bei Filmen und Büchern, die fast nur »Sex und Mord«[146] zeigten.

---

140 Hoff: Diplomatie, S. 444.
141 SAPMO-BArch, DY 13/1200, Contact Report von Mardie Henry von LH&P an die DEBRIG, 2.7.1965.
142 Hoff: Diplomatie, S. 450.
143 Ebd., S. 318.
144 SAPMO-BArch, DY 30/IV/A 2/21/8, Einschätzung der auslandsinformatorischen Tätigkeit und Wirksamkeit der DDR in Großbritannien, 1966, S. 23.
145 Zit. nach Hoff: Diplomatie, S. 446.
146 Ebd.

So ging man in Großbritannien den gleichen Weg wie in Frankreich, indem man wie redaktioneller Inhalt aufgemachte, bezahlte Werbung in den großen Zeitungen platzierte. Zumindest für den 18. Dezember 1968 lässt sich eine solche Anzeige in der »Times« in London nachweisen; der gleiche Tag, an dem auch in »Le Monde« eine ganze Seite geschaltet worden war. Auf einer Doppelseite finden sich insgesamt sieben Artikel, wobei über beiden Seiten jeweils groß der Hinweis »Advertisement« gesetzt wurde. Die Texte beinhalten die üblichen Themen; die wirtschaftliche Leistungsfähigkeit der DDR und ihr Platz unter den »führenden Nationen« im internationalen Handel und auch der friedlichen Nutzung der Kernenergie werden herausgestellt. Sie sei ein voll entwickelter Staat, der bereits mit vielen Nationen diplomatische Beziehungen unterhielte und, gemäß dem modernen internationalen Recht, allseitig anerkannt werden müsse, um gemeinsam die »Probleme« in Europa lösen zu können. Die Demokratie in der DDR soll anhand einer Hochschulreform veranschaulicht werden, die durch eine breite Diskussion unter den Studenten selbst verwirklicht worden sei. Der Leiter des staatlichen Reisebüros wirbt für Ferienaufenthalte in der DDR, wobei extra für Besucher aus dem Westen nun die »Interhotels« geschaffen würden, die hohen Standard zum günstigen Preis böten, und auch ein kulturelles Thema hatte man mit einem Bericht über die »Pflege von Brechts Erbe« in der DDR mit dazu genommen.[147] Hier finden sich die gleichen Themen wie in der am selben Tag in »Le Monde« veröffentlichten, bezahlten Werbeseite.

John Peet, Journalist und langjähriger Herausgeber des »Democratic German Report«, der einzigen wenigstens ansatzweise erfolgreichen Pro-DDR-Publikation in Großbritannien, zog den Erfolg einer solchen Maßnahme mit drastischen Worten in Frage; so schrieb er an die DEBRIG: »I cannot remember having seen such an inept and amateur piece of publicity for a foreign state in a reputable British newspaper. If it were the first attempt of a newly-founded African state it might be excusable; as an advertisement for a highly-developed industrialised state it is inexcusable.«[148] Die Anzeige sei eine geradezu skandalöse Devisenverschwendung.

Weitere Hinweise auf die Arbeit von Panorama in Großbritannien enthalten die untersuchten Akten nicht; auch hier könnten sicher anhand eigener Dokumente der Agentur einzelne Veröffentlichungen genauer nachvollzogen werden. Das dürfte aber das sich aus der bisherigen Analyse ergebende Bild kaum verändern. Ebenso wie für Frankreich gilt, dass die ursprünglich anvisierten großen Zeitungen und Zeitschriften des Landes wie etwa die »Times« kein Panorama-Material veröffentlichten. Ausnahme blieb hier ebenfalls die allerdings auch als solche gekennzeichnete, bezahlte Werbung. Im Unterschied zu Frankreich fiel jenseits des Ärmelkanals für die Auslandsinformation jedoch überdies noch die kommunistische Presse als Publikationsmöglichkeit weg. Zwar gab es durchaus kommunistische Publikationen, wie etwa den 1966 in »Morning Star« umbenannten »Daily Worker«, bis 1945 die Parteizeitung der CPGB und seither unabhängig, gleichwohl weiterhin mit sozialistischem

---

147 The Times, 18.12.1968, S. 8f.
148 Zit. nach Hoff: Diplomatie, S. 448.

Weltbild. Die Auflage war jedoch relativ gering: In den 1960er Jahren dürfte sie bei etwa 40–50 000 gelegen haben;[149] »L'Humanité«, das ebenfalls täglich erscheinende Zentralorgan der PCF, verkaufte zu dieser Zeit noch mehr als 150 000 Exemplare.[150] Zudem findet sich in den Akten kein Hinweis auf eine Kooperation mit der britischen kommunistischen Presse. Allgemein dürfte die britische politische Tradition, welche die Arbeiterbewegung schon früh parlamentarisch und konstitutionell ausgerichtet hatte, eine maßgebliche Ursache für den kaum vorhandenen Einfluss kommunistischer Weltanschauung in Großbritannien sein. Das in anderen europäischen Ländern die Interessen der DDR unterstützende politische Milieu war zu marginal, um in der Öffentlichkeit breit wahrgenommen werden zu können. Die ostdeutschen Auslandspropagandisten sprachen dementsprechend von »Besonderheiten der Arbeit nach Großbritannien«; so hatte die britische Presse beispielsweise überhaupt nicht auf das andernorts viel beachtete »Lübke-Material« reagiert.[151]

---

149 Zwischen 1947 und 1981 sank die Auflage von 122 000 auf 36 000 Exemplare, vgl. Tomlinson: Political extremism, S. 91.
150 Im Februar 1962 z. B. lag die Auflage bei 172 000, vgl. Roland Leroy (Hrsg.): Un siècle d'Humanité (1904–2004). Paris 2004, S. 257. Dies sei hier als Vergleichsgröße angegeben, denn auf Panorama-Veröffentlichungen in »L'Humanité« konnte interessanterweise ebenfalls kein Hinweis gefunden werden.
151 Hoff: Diplomatie, S. 447.

4 Die Auslandsinformation der DDR – erfolgreiche Public Diplomacy im Westen?

Welche Schlussfolgerungen lassen sich nun aus dieser Gegenüberstellung von Anspruch und Praxis der Auslandsinformation der DDR am Beispiel von »Panorama DDR« ziehen? Zunächst seien nochmals die in der Einleitung formulierten Fragen in Erinnerung gerufen, auf die sich diese Untersuchung konzentriert. Das waren im einzelnen: Welche Inhalte bzw. welches DDR-Bild wollten die Ost-Berliner Propagandisten in den westeuropäischen Gesellschaften verbreiten? Welche politischen Ziele verfolgten sie damit und inwieweit waren sie erfolgreich? Welche Medien druckten also das Material von »Panorama DDR«, und wen erreichte man? Ließ sich die öffentliche Meinung tatsächlich soweit im eigenen Sinne lenken, dass hierdurch Einfluss auf die Politik genommen werden konnte? Hatte die Auslandspropaganda der DDR also die Spezifika der westlichen Medien insoweit verstanden, dass sie mit Panorama den »Königsweg durch die Hintertür« erfolgreich nutzen konnte?

Mit der systematischen Analyse der 1963 festgelegten Strategie der Auslandsinformation lässt sich bestätigen, was schon seit längerem Konsens in der Forschung ist: In erster Linie ging es den Verantwortlichen der SED um eine internationale Anerkennung ihres Staates, um einerseits ihren außenpolitischen Spielraum zu vergrößern, gerade in Konkurrenz zur Bundesrepublik. Andererseits, und das war letztlich der wichtigere Faktor, versprachen sie sich einen Legitimationsgewinn für ihre Herrschaft nach innen. Damit war die Auslandsinformation in den 1960er Jahren vor allem Teil der Westpolitik der DDR, die Hans-Georg Golz treffend charakterisiert hat: »So stand bis 1973 ein geradezu obsessives Streben nach völkerrechtlicher Anerkennung im Zentrum der DDR-Westpolitik, weil gesicherte Grenzen innenpolitische Konsolidierung versprachen.«[1] Die Auslandspropaganda sollte mit einer »differenzierten, massenwirksamen Popularisierung der Politik, Entwicklung und Errungenschaften der DDR«[2] maßgeblich dazu beitragen, »die internationale Position unserer Republik ständig zu festigen«.[3] Das positive Image der DDR, das man hier aufbauen wollte, bestimmte sich vor allem in Abgrenzung zur Bundesrepublik, die als imperialistisch, friedensgefährdend und revisionistisch dargestellt wurde, regiert von den nicht demokratisch legitimierten »Bonner Ultras«, hinter denen im wesentlichen die selben Kräfte stünden, die Hitler 1933 an die Macht gebracht hätten. Die DDR dagegen präsentierte sich als antifaschistisch, demokratisch, gesellschaftlich liberal und wirtschaftlich leistungs-

---

1 Golz: Völkerfreundschaft, S. 50.
2 SAPMO-BArch, DY 30/JIV 2/2 A 953, Protokoll Nr. 8/63 der Sitzung des Politbüros vom 27.3.1963, Anlage 5, S. 1.
3 Ebd.

fähig und sollte so als die auf allen Ebenen »vernünftigere« Alternative zum größeren, westlichen Konkurrenten erscheinen.

Betrachtet man nun die Veröffentlichungen, die sich seit der Gründung der Auslandspresseagentur »Panorama DDR« 1964 bis zu ihrer Reorganisation 1972/73 für Großbritannien und Frankreich nachweisen lassen, so ergibt sich folgendes Bild: Was sich mit der Situation in Frankreich bereits deutlich abzeichnet, nämlich dass Publikationen in nennenswertem Umfang und mit den für die Auslandinformation vorgesehenen Inhalten fast ausschließlich in der kommunistischen Presse des Landes erfolgten, bestätigt sich durch den mit der Lage in Großbritannien, wo es keine nennenswerte kommunistische Bewegung gab, durchgeführten asymmetrischen Vergleich. Keine Veröffentlichung, sieht man von der bezahlten Werbung in »The Times« vom Dezember 1968 ab, konnte konkret nachverfolgt werden. Selbst mit einer professionellen PR-Agentur als Kooperationspartner vor Ort gelang es hier offenbar nicht, nennenswert an die Öffentlichkeit zu treten.[4] Das zeigt sich zunächst an den wenigen und zudem nicht konkreten Hinweisen auf publiziertes Material in den Akten. Wenn man der allgemeinen Logik der Berichterstattung innerhalb der zuständigen Stellen der Auslandsinformation folgt, die selbst verhältnismäßig kleine Erfolge deutlich herausstellte und teils einfach erfand, dann bedeuten diese vagen Angaben einen ausgeprägten Misserfolg. Im Prinzip setzte sich hier im kleinen fort, was auch im großen die Linie der Auslandinformation war, nämlich die eigene Existenz zu rechtfertigen und keine Schwäche zu zeigen, sondern zu beweisen, dass man grundsätzlich auf dem richtigen Weg war, hier weltanschaulich, dort methodisch. Bestätig wird dieser Eindruck der sehr begrenzten Publikationsmöglichkeiten noch von dem Versuch, mit wie redaktioneller Inhalt gestalteter bezahlter Werbung in großen Zeitungen eigene Auffassungen an ein breites Publikum zu bringen, wobei man mit großer Arroganz davon ausging, dass den Lesern dieser Umstand trotz augenfälliger Kennzeichnung verborgen bliebe.

Der eingesetzte asymmetrische Vergleich illustriert also in diesem Fall deutlich die besondere Situation, die sich in Frankreich durch das Vorhandensein einer relativ starken kommunistischen Bewegung für die Auslandsinformation der DDR ergab. Nur in den kommunistischen Publikationen konnten die Ost-Berliner Propagandisten ihr Material in der gewünschten Form unterbringen, wie vor allem am Beispiel der Zeitschrift »Démocratie Nouvelle« gezeigt werden konnte. Hier finden sich genau die Themenkomplexe und Argumentationslinien wieder, die 1963 vom Politbüro für die Propagierung der DDR im Ausland festgelegt worden waren. Ohne diese im Einzelnen nochmals nachzuzeichnen, kann darüber zusammenfassend und treffend mit Hans-Georg Golz gesagt werden, dass die DDR in den in der Auslandspropaganda eingesetzten Materialien so beschrieben wurde, »wie sie sich selbst gerne sah.«[5] Über die Reichweite von »Panorama DDR« wurden im Übrigen schon Mitte der 1970er

---

4 Möglicherweise war auch das kleine, von Lex Hornsby herausgegebene DDR-Kompendium ein aus Ost-Berlin lancierter Versuch, die DDR stärker in der britischen öffentlichen Meinung zu verankern: Lex Hornsby (Hrsg.): Profile of East Germany. London 1966.
5 Golz: Völkerfreundschaft, S. 47.

Jahre in der Bundesrepublik die gleichen Schlussfolgerungen gezogen: »Unter der Bezeichnung ›Panorama DDR‹ erscheinen [...] Artikel und Bilder über das Leben in der DDR, die an Zeitungen im Ausland versandt werden. Doch wurden bislang diese Beiträge beinahe ausschließlich in kommunistischen Blättern abgedruckt.«[6]

Im Wesentlichen dürften damit Rezipienten erreicht worden sein, bei denen eine grundsätzliche Überzeugungsarbeit aufgrund ihrer politischen Position ohnehin nicht nötig war. Das wird etwa am Beispiel der vier französischen Journalisten klar, die in der von Panorama ausgestatteten Sonderausgabe von »Démocratie Nouvelle« in ihren kurzen, ergänzenden Artikeln beinahe kritiklos die Ost-Berliner Positionen übernahmen. In einzelnen Fällen gelang es »Panorama DDR« auch, nichtkommunistische Publikationen mit eigenem Material auszustatten, wie etwa eine Sonderausgabe der Wirtschaftsfachzeitschrift »L'Europe Orientale«. Dabei handelte es sich dann aber um recht spezielle Zeitschriften, die nur einen sehr begrenzten Leserkreis erreichten. Letztlich erreichte man in Frankreich zwar wesentlich mehr Menschen als in Großbritannien, die öffentliche Mehrheitsmeinung blieb jedoch auch hier der DDR gegenüber äußerst kritisch.

Die in dem Strategiepapier 1963 formulierten Ziele der Auslandsinformation konnten also weder in Großbritannien noch in Frankreich erreicht werden. Wie in Kapitel 2.2 dargelegt, blieb die Mehrheit der Bevölkerung in den beiden Ländern der DDR gegenüber uninteressiert oder ablehnend eingestellt, vor allem nach dem Mauerbau 1961, der einen großen Imageschaden für die DDR im Westen bedeutete, von dem sie sich bis zu ihrem Zusammenbruch 1989 nicht mehr erholen sollte. Das zeigt sich besonders deutlich an dem Unvermögen von Panorama, in die großen Zeitungen wie »Le Monde« und die »Times« einzudringen, und auch an deren überwiegend negativem DDR-Bild, wie Christian Schmitz am Beispiel von »Le Monde« nachweisen konnte. Der »Königsweg durch die Hintertür« führte also zumindest im Fall von Panorama nicht zum gewünschten Erfolg; zum einen weil es offenbar meist eben nicht gelang, die Informationsquelle zu »maskieren«, also die wahre Herkunft des Panorama-Materials von den westlichen Medien durchaus erkannt wurde, zum anderen sich die DDR-Propagandisten schwer taten, vordergründig unpolitische Themen aus dem Sport- und Kulturbereich stärker einzusetzen. Es wurde zwar durchaus bemerkt, dass mit solchem Material grundsätzlich größere Aussichten auf Veröffentlichung bestanden wie mit den üblichen propagandistischen politischen Texten, was sich insbesondere in Großbritannien sehr stark bemerkbar machte, wo politische Themen offensichtlich keinerlei Erfolg brachten. Aber selbst wenn solche Themen genutzt wurden, dann vor allem, um die Leistungsfähigkeit des ostdeutschen Staates auf diesen Gebieten herauszustellen, und nicht einfach in interessanter Weise darüber zu berichten, wie die Kritik der PR-Agentur Lex Hornsby & Partners an einem Panorama-Artikel über den Fußball in der DDR zeigt.

---

6 Hans Lindemann/Kurt Müller: Auswärtige Kulturpolitik der DDR. Bonn-Bad Godesberg 1974, S. 97.

Demgemäß dürfte auch der Anteil, den die Arbeit der Auslandsinformation an dem 1973 tatsächlich erreichten Ziel der weitgehenden völkerrechtlichen Anerkennung der DDR durch den Westen hatte, wenn überhaupt vorhanden, nur sehr gering gewesen sein. Zwar gab es hin und wieder dahingehende Forderungen aus verschiedenen politischen Richtungen, wie am Beispiel Frankreich und Großbritannien gezeigt werden konnte. Keine Regierung eines westlichen Staates sah sich jedoch durch gesellschaftlichen Druck aus dem eigenen Land, wie ihn die DDR-Auslandspropaganda erzeugen wollte, zu einem solchen Schritt gezwungen oder tat dies gar aus selbst empfundener Notwendigkeit. Maßgeblich hierbei war, dass sich der Westen im Kontext der Entspannungspolitik bewegte, also etwa im Viermächteabkommen über Berlin von 1971 die DDR zumindest implizit anerkannt hatte. Vor allem aber wurde dabei offenbar, wie sehr sich das Kräfteverhältnis zugunsten der Bundesrepublik entwickelt hatte, denn die Neue Ostpolitik der Regierung Brandt hatte diese Öffnung nach Osten erst eingeleitet. Dass der westdeutsche Staat das letzte Wort hatte, zeigt sich auch darin, dass Frankreich und Großbritannien die Beziehungen zur DDR im Februar 1973 normalisierten, dezidiert nach dem Abschluss des Grundlagenvertrags zwischen den beiden deutschen Staaten rund zwei Monate zuvor.[7] Der Auslandsinformation der DDR zwischen 1963 und 1973 gelang es also weder, das gewünschte Bild ihres Staates in den westlichen Ländern zu erzeugen, noch zum formulierten Ziel der diplomatischen Anerkennung erkennbar beizutragen.

Der Versuch der SED, die die Auslandspropaganda der DDR vollständig kontrollierte, im Sinne von Public Diplomacy »understanding for its nation's ideas and ideals, its institutions and culture, as well as its national goals and current policies« vor allem im westlichen Ausland zu erwecken, kann in der Gesamtschau als nicht erfolgreich bezeichnet werden. Letztlich haben ökonomische Interessen die Beziehungen mit den beiden zum »nichtsozialistischen Wirtschaftsgebiet« gehörenden Ländern wesentlich stärker bestimmt, wie aus Kapitel 2.2 hervorgeht. Zu den Schwierigkeiten, im Westen erfolgreich Public Diplomacy zu betreiben, dürfte auch die Vorstellung der jeweiligen Beziehungen als »Einbahnstraße« nicht unerheblich beigetragen haben. Schließlich sollten bei aller gewünschten Einflussnahme auf die öffentliche Meinung der westlichen Länder die Menschen in der DDR vor »ideologischer Diversion« bewahrt, umgekehrt also möglichst keine westlichen Einwirkungen auf die eigene Bevölkerung zugelassen werden.[8] Diese Haltung, die sich etwa im Einfuhrverbot für ausländische Druckschriften und der generellen Abschottung des SED-Regimes manifestierte, wurde dort, wie Kurt Kann von der DEBRIG nach Ost-Berlin meldete,[9] als Schwäche ausgelegt und wird kaum zu einem positiveren Image der DDR beigetragen haben.

---

7 Vgl. Golz: Völkerfreundschaft, S. 108.
8 Hoff: Politik, S. 301; ein besonderes Spannungsfeld stellten in diesem Zusammenhang die Partnerschaften zwischen ostdeutschen und westeuropäischen Städten dar, vgl. Ulrich Pfeil: Ostdeutsch-französische Städtepartnerschaften zwischen Westabschottung und Westorientierung 1958–1973. In: Lendemains 29 (2004), S. 146–166.
9 Hoff: Diplomatie, S. 444.

Eine maßgebliche Ursache für die weitgehende Erfolglosigkeit dürfte auch in dem zentralen Zielkonflikt der DDR-Auslandsinformation im Westen gelegen haben: Der Versuch, sich an die Funktionsweise und die Kommunikationsformen westlicher Medien anzupassen und dabei die eigene ideologische Sichtweise auf soziale, ökonomische und historische Gegebenheiten und Entwicklungen beizubehalten. Wie es die Verantwortlichen der Auslandspropaganda von der staatssozialistischen Presse gewohnt waren, stimmten sie letztlich mit allem, worüber sie berichteten, ein Loblied auf den Sozialismus und auf die Partei an, die seine Durchsetzung und Entwicklung in der DDR sicherstellte. Kaum etwas war für sie außerhalb dieses Sinnzusammenhanges denkbar, und selbst wenn sie mit dieser Strategie in Westeuropa naturgemäß scheiterten, so lag dies in der eigenen Wahrnehmung nur an der Feindpropaganda, die die westlichen Gesellschaften infiltriert hatte und das Bewusstsein der Menschen so manipulierte, dass es für ihre »Wahrheiten« nicht leicht zugänglich war. Das zeigt sich deutlich etwa an der bereits zitierten Einschätzung der britischen Presse durch den Londoner MfAA-Mitarbeiter Günther Barth,[10] der mit seiner Feststellung letztlich implizit annahm, die Medien würden in Großbritannien ebenso zentral geleitet wie in der DDR. Von dieser Warte aus war eine substantielle Problemanalyse und -lösung hinsichtlich der nicht recht erfolgreichen Arbeit der Auslandsinformation von vornherein zum Scheitern verurteilt, wie sich in den Akten auch immer wieder zeigt. Denn es gab durchaus hin und wieder Anregungen, sowohl von westlichen Kooperationspartnern als auch aus den eigenen Reihen, wie z. B. Vertretern der DEBRIG oder John Peet, der die »Times«-Artikel vom Dezember 1968 kritisierte. Diese führten jedoch nicht zu einer Überprüfung und Anpassung der eigenen Strategie. Dazu kam noch erschwerend, dass man bei der Darstellung der eigenen Erfolge an übergeordnete Stellen gerne etwas übertrieb, wohl nicht zuletzt, um die eigene Existenzberechtigung zu unterstreichen.

Das zentrale Erfordernis für den erfolgreichen Gang »durch die Hintertür«, nämlich »die Spezifika des anderen Systems zu verstehen, um es für den Transfer von Inhalten und Bildern nutzen zu können«[11] blieb damit unerfüllt und musste es auch bleiben, wollten die linientreuen Auslandspropagandisten nicht ihren eigenen ideologischen Standpunkt aufgeben. Für sie blieb die westliche, »bürgerliche«, also nichtkommunistische Presse ein zentral gesteuertes Propagandainstrument des Gegners, mit dem dieser in erster Linie seine Macht durch die Täuschung der eigenen Bevölkerung sichern und, wie bereits eingangs zitiert, »die wirklichen Ziele kapitalistischer Herrschaft [...] verschleiern«[12] wollte. Damit übertrugen die SED-Genossen in Ost-Berlin letztlich die Funktionsweise der eigenen, vor allem dem Ideologietransfer verpflichteten Presse auf die westeuropäische und waren überzeugt, dass gegen diese nur mit entsprechenden Propagandaanstrengungen anzukommen war, man also gewissermaßen einfach »lauter schreien« können müsse als der Feind. Mit dieser fundamentalen Fehldiagnose

---

10 Siehe oben, S. 74.
11 Pfeil: Kulturbeziehungen, S. 201.
12 Art. »Propaganda«. In: Böhme et al.: Kleines Politisches Wörterbuch, S. 795.

hinsichtlich der Funktionsmechanismen der freie Presse Westeuropas und überhaupt einer offenen Gesellschaft konnte die Pressepropaganda von »Panorama DDR« nicht recht erfolgreich sein.

Auch wenn die Funktionäre der Auslandsinformation ideologiebedingt zu dieser Diagnose selbst nicht fähig waren, so gab es möglicherweise einen indirekten Lernprozess: Die Akten der zuständigen Parteigremien scheinen darauf hinzuweisen, dass die mit der Gründung von »Panorama DDR« anfangs hochgesetzten Erwartungen bezüglich der Wirksamkeit der Pressepropaganda relativ bald enttäuscht wurden und die Agentur so zunehmend aus dem Blickfeld der Verantwortlichen geriet. Nach 1966 finden sich keine umfangreichen Berichte über ihre Arbeit mehr. Dieser Eindruck scheint sich auch durch die komplette Reorganisation von 1972/73 zu bestätigen, als sich das Aufgabenfeld von Panorama mit der Herausgabe eigenständiger Propaganda-Publikationen gewissermaßen »aus dem Hinterhalt an die Front« verlagerte.

Anhang

Abkürzungsverzeichnis

ADN	Allgemeiner Deutscher Nachrichtendienst
BRIDGE	British-Democratic Germany Exchange
CBI	Confederation of British Industry
CDU	Christlich-Demokratische Union Deutschlands
CGT	Confédération Générale du Travail
CIA	Central Intelligence Agency
CPGB	Communist Party of Great Britain
ČSSR	Tschechoslowakische Sozialistische Republik
CSU	Christlich-Soziale Union in Bayern e. V.
DBD	Demokratische Bauernpartei Deutschlands
DDR	Deutsche Demokratische Republik
DEBRIG	Deutsch-Britische Gesellschaft in der DDR
DEFA	Deutsche Film AG
Deufra	Deutsch-Französische Gesellschaft der DDR
DFD	Demokratischer Frauenbund Deutschlands
DFJW	Deutsch-Französisches Jugendwerk
DM	Deutsche Mark der Deutschen Notenbank der DDR
DSV	Deutscher Schriftstellerverband
DTSB	Deutscher Turn- und Sportbund
EFA	Echanges Franco-Allemands
EG	Europäische Gemeinschaften
EGKS	Europäische Gemeinschaft für Kohle und Stahl
FBI	Federation of British Industry
FDGB	Freier Deutscher Gewerkschaftsbund
FDJ	Freie Deutsche Jugend
G.D.R.	German Democratic Republic
GmbH	Gesellschaft mit beschränkter Haftung
KfA	Kammer für Außenhandel
KPD	Kommunistische Partei Deutschlands
KPdSU	Kommunistische Partei der Sowjetunion
KSZE	Konferenz über Sicherheit und Zusammenarbeit in Europa
LDPD	Liberal-Demokratische Partei Deutschlands
LH&P	Lex Hornsby & Partners
MDN	Mark der Deutschen Notenbank der DDR
MfAA	Ministerium für Auswärtige Angelegenheiten

MfAH	Ministerium für Außenhandel
MfS	Ministerium für Staatssicherheit
MLF	Multilateral Nuclear Force
NATO	North Atlantic Treaty Organization
ND	Neues Deutschland
NFG	Nationale Freundschaftsgesellschaft
NÖSPL	Neues Ökonomisches System der Planung und Leitung
PB	Politbüro des ZK der SED
PCF	Parti Communiste Français
PDS	Partei des Demokratischen Sozialismus
PR	Public Relations
R.D.A.	République Démocratique Allemande
RBI	Radio Berlin International
SAPMO-BArch	Stiftung Archiv der Parteien und Massenorganisationen der DDR im Bundesarchiv
SED	Sozialistische Einheitspartei Deutschlands
SPD	Sozialdemokratische Partei Deutschlands
SPK	Staatliche Plankommission
TUC	Trade Union Congress
UdSSR	Union der Sozialistischen Sowjetrepubliken
UNESCO	United Nations Educational, Scientific and Cultural Organization
UNO	United Nations Organization
USA	United States of America
VAR	Vereinigte Arabische Republik
VDJ	Verband Deutscher Journalisten
VEB	Volkseigener Betrieb
VOB	Vereinigung Organisationseigener Betriebe
VVB	Vereinigung Volkseigener Betriebe
ZK	Zentralkomitee der SED

Quellen- und Literaturverzeichnis

Ungedruckte Quellen

Aus den Beständen der Stiftung Archiv der Parteien und Massenorganisationen der DDR im Bundesarchiv (SAPMO-BArch) wurden folgende Akten verwendet:

Politbüro des ZK der SED:

- DY 30/J IV 2/2 A 953, Protokoll Nr. 8/63 der Sitzung vom 27.3.1963
- DY 30/J IV 2/2 A 1010, Protokoll Nr. 1/64 der Sitzung vom 7.1.1964
- DY 30/J IV 2/2 A 1123, Protokoll Nr. 43/65 der Sitzung vom 9.11.1965
- DY 30/J IV 2/2 1440, Protokoll Nr. 12/73 der Sitzung vom 27.3.1973
- DY 30/J IV 2/2 A 2046, Protokoll Nr. 8/77 der Sitzung vom 22.2.1977

Sekretariat des ZK der SED:

- DY 30/J IV 2/3 1953, Protokoll Nr. 130/72 der Sitzung vom 19.12.1972
- DY 30/J IV 2/3 1964, Protokoll Nr. 9/73 der Sitzung vom 24.1.1973
- DY 30/J IV 2/3 4126, Protokoll Nr. 67/87 der Sitzung vom 22.6.1987

Abteilung Auslandsinformation des ZK der SED:

- DY 30/IV/A 2/21/4, Bestätigter Bericht vor dem Beirat für Auslandsinformation über die Tätigkeit von »Panorama DDR«, 10.11.1964
- DY 30/IV/A 2/21/4, Weitere Veröffentlichungen von Panorama-DDR-Artikeln, 12.11.1965
- DY 30/IV/A 2/21/8, Plan für die ersten auslandsinformatorischen Maßnahmen im Zusammenhang mit der Antragstellung der DDR auf Mitgliedschaft in der UNO, 25.2.1966
- DY 30/IV/A 2/21/8, »Panorama DDR«: Perspektivplan bis 1970, 16.3.1966
- DY 30/IV/A 2/21/8, »Panorama DDR«: Stand und Hauptprobleme der Artikelarbeit nach dem Ausland (Vorlage für den Beirat für Auslandsinformation), 24.3.1966
- DY 30/IV/A 2/21/8, Publikationsliste: »Folgende Themen erzielten die meisten Veröffentlichungen«, 24.3.1966

- DY 30/IV/A 2/21/8, Die kulturelle Entwicklung der DDR in der Auslandsinformation, Vorlage für den Beirat für Auslandsinformation, 25.3.1966
- DY 30/IV/A 2/21/8, Einschätzung der auslandsinformatorischen Tätigkeit und Wirksamkeit der DDR in Großbritannien, o. D., 1966
- DY 30/J IV 2/2 J 2524, Information über bisher im nichtsozialistischen Ausland erzielten [sic] Ergebnisse auslandsinformatorischer Maßnahmen gegen die westdeutsche Provokation in Westberlin, 3.3.1969
- DY 30/J IV 2/2 J 4129, Information über die Tätigkeit der Auslandsinformation der DDR während der internationalen Messe in Paris (29.4. bis 14.5.72), 31.5.1972

Liga für Völkerfreundschaft:

- DY 13/1200, Schreiben von Mardie Henry von LH&P an Inge Fischer von der DEBRIG, 20.5.1965
- DY 13/1200, Contact Report von Mardie Henry von LH&P an die DEBRIG, 2.7.1965
- DY 13/2666, Protokoll über die Gründung von »Panorama DDR« und Gesellschaftsvertrag – Abschrift, gesendet von Notarin Ingeburg Gentz an Willi Balz von der Liga für Völkerfreundschaft am 12.1.1965
- DY 13/2666, Zustimmungserklärung des Generalsekretärs der Liga für Völkerfreundschaft zum Wechsel des Hauptgeschäftsführers von »Panorama DDR« – Schreiben an Notarin Ingeburg Gentz, 30.3.1967
- DY 13/3011a, Protokoll der Sitzung des Sekretariats der Liga für Völkerfreundschaft vom 17.7.1964

Zentrag:

- DY 63/3549, Notarielles Protokoll der Gesellschafterversammlung von »Panorama DDR« vom 10.7.1974

Gedruckte Quellen

The Times, 18.12.1968.

France Soir, 29.4.1972.

Le Monde, 18.12.1968.

L'Europe Orientale, Nr. 9 v. 15.1.1966.

L'Europe Orientale, Nr. 1 v. 15.9.1965.

Miroir Sprint, 31.8.1964.

Allemagne: La R.D.A. et les élections en R.F.A. Une interview de Walter Ulbricht. In: France Nouvelle, Nr. 1038 v. 8.9.1965, S. 15.

Liberté pour le Parti Communiste Allemand. In: France Nouvelle, Nr. 985 v. 2.9.1964, S. 21–22.

Willing's Press Guide 1964. A comprehensive index and handbook of the press of the United Kingdom of Great Britain, Northern Ireland and the Irish Republic; together with the prinicpal British Commonwealth, Dominion, Colonial and Foreign Publications. London 1964.

Le nouveau système économique. In: Démocratie Nouvelle 2 (1965), S. 94.

Baur, Walter: Famille, mariage, divorce. In: Démocratie Nouvelle. Numéro spécial 12 (1965), S. 71–76.

Benjamin, Hilde: Justice et délinquance. In: Démocratie Nouvelle. Numéro spécial 12 (1965), S. 78–82.

Bonte, Florimont: Allemagne occidentale: Criminel de guerre et président de la République. In: France Nouvelle, Nr. 1062 v. 23.2.1966, S. 16.

Böhme, Waltraud et al. (Hrsg.): Kleines Politisches Wörterbuch. Berlin (Ost) 1988 (8. Auflage).

Deluy, Henri et al.: Journal à 4 voix. In: Démocratie Nouvelle. Numéro spécial 12 (1965), S. 1–2.

Geggel, Heinz: Keine ideologische Waffenruhe. In: Einheit 1 (1973), S. 6–9.

Gutermuth, Rolf: Les cadres du socialisme allemand. In: Démocratie Nouvelle. Numéro spécial 12 (1965), S. 5–10.

Hornsby, Lex (Hrsg.): Profile of East Germany. London 1966.

Kalweit, Werner: Le nouveau système de planification et de direction. In: Démocratie Nouvelle. Numéro spécial 12 (1965), S. 32–36.

Kegel, Gerhard: Raisons allemandes contre la M.L.F. In: France Nouvelle, Nr. 1000 v. 16.12.1964, S. 27–29.

Kröger, Herbert: Allemagne: Le droit à l'autodétermination et les deux états allemands. In: France Nouvelle, Nr. 1009 v. 17.2.1965, S. 19–20.

Kröger, Herbert/Wünsche, Harry: Friedliche Koexistenz und Völkerrecht. Berlin (Ost) 1975.

Nationalrat der Nationalen Front des Demokratischen Deutschland (Hrsg.): Braunbuch. Kriegs- und Naziverbrecher in der Bundesrepublik und in Westberlin. Staat, Wirtschaft, Verwaltung, Armee, Justiz, Wissenschaft. Berlin (Ost) 1965 (2., überarb. Auflage).

Oelßner, Fred: Über die Verbesserung der Arbeit der Presse und des Rundfunks. Referat auf der 16. Tagung des Zentralkomitees der Sozialistischen Einheitspartei Deutschlands, 17. bis 19. September 1953. Berlin (Ost) 1953.

Panorama DDR (Hrsg.): Gelbe Liste: Wo ist die CIA? (Yellow list: where is the CIA?). Berlin (Ost) 1969/1970.

Panorama DDR, Redaktion »Aus erster Hand« (Hrsg.): Wissenschaft zum Nutzen des Volkes. Eine Information aus der DDR. Berlin (Ost) 1974.

Panorama DDR, Redaktion »Aus erster Hand« (Hrsg.): Wie leben und arbeiten die Bauern in der DDR. Fakten, Informationen und Zahlen über die sozialistische Landwirtschaft. Berlin (Ost) 1976.

Panorama DDR, Redaktion »Aus erster Hand« (Hrsg.): Was haben die Gewerkschaften zu sagen? Informationen aus der Deutschen Demokratischen Republik. Berlin (Ost) 1986.

Panorama DDR, Redaktion »Aus erster Hand« (Hrsg.): Was wollen wir? Parteien und Bewegungen in der DDR. Berlin (Ost) 1990.

Panorama DDR, Redaktion »DDR im Überblick« (Hrsg.): Die DDR stellt sich vor. Berlin (Ost) 1984.

Suhrbier, Max: R.D.A.: La pluralité des partis. In: France Nouvelle, Nr. 1043 v. 13.10.1965, S. 19–20.

Wessel, Harald: La R.D.A. à la recherche d'un système d'enseignement moderne et démocratique. In: Démocratie Nouvelle 11 (1964), S. 77–84.

Darstellungen

Abraham, Nils: Die politische Auslandsarbeit der DDR in Schweden: Zur Public Diplomacy der DDR gegenüber Schweden nach der diplomatischen Anerkennung (1972–1989). Berlin u. a. 2007.

Agde, Günter (Hrsg.): Kahlschlag: Das 11. Plenum des ZK der SED 1965. Studien und Dokumente. Berlin 1991.

Amos, Heike: Politik und Organisation der SED-Zentrale 1949–1963: Struktur und Arbeitsweise von Politbüro, Sekretariat, Zentralkomitee und ZK-Apparat. Berlin u. a. 2003.

Borowsky, Peter: Die DDR in den sechziger Jahren. In: Informationen zur politischen Bildung 258 (1998) ⟨URL: http://www.bpb.de/publikationen/08848277605002510500926090697269,3,0,Die_DDR_in_den_sechziger_Jahren.html⟩ – letzter Zugriff am 12.10.2009.

Bozo, Frédéric: Mitterand, la fin de la guerre froide et l'unification allemande. Paris 2005.

Brands, Hal: Non-proliferation and the dynamics of the middle Cold War: The superpowers, the MLF and the NPT. In: Cold War History 7 (2007), S. 389–423.

Bruns, Wilhelm: Die Außenpolitik der DDR. Berlin (West) 1985.

Escherich, Bernhard: Das Bild der DDR in Frankreich bis 1989. In: Dokumente. Zeitschrift für den deutsch-französischen Dialog 56 (2000), S. 25–33.

Gieseke, Jens: Der Mielke-Konzern. Die Geschichte der Stasi 1945–1990. Stuttgart/München 2001.

Golz, Hans-Georg: Verordnete Völkerfreundschaft. Das Wirken der Freundschaftsgesellschaft DDR-Großbritannien und der Britain GDR Society – Möglichkeiten und Grenzen. Leipzig 2004.

Herbst, Andreas/Ranke, Winfried/Winkler, Jürgen (Hrsg.): So funktionierte die DDR. Lexikon der Organisationen und Institutionen. Mach-mit-Bewegung bis Zollverwaltung der DDR. Band 2, Reinbek bei Hamburg 1994.

Hoff, Henning: Die Politik der DDR gegenüber Großbritannien 1949–1973. In: Bauerkämper, Arnd (Hrsg.): Britain and the GDR: Relations and Perceptions in a divided World. Berlin u. a. 2002, S. 267–303.

Hoff, Henning: Großbritannien und die DDR 1955–1973: Diplomatie auf Umwegen. München u. a. 2003.

Holzweißig, Gunter: Massenmedien in der DDR. Berlin 1989 (2. völlig überarb. Aufl.).

Holzweißig, Gunter: Die schärfste Waffe der Partei. Eine Mediengeschichte der DDR. Köln u. a. 2002.

Howarth, Marianne: KfA Ltd und Berolina Travel Ltd. Die DDR-Präsenz in Großbritannien vor und nach der diplomatischen Anerkennung. In: Deutschland Archiv 32 (1999), S. 591–600.

Howarth, Marianne: Freundschaft mit dem Klassenfeind. Die Imagepolitik der DDR in Großbritannien nach der diplomatischen Anerkennung. In: Deutschland Archiv 36 (2003), S. 25–34.

Kaelble, Hartmut: Die Gesellschaft der DDR im internationalen Vergleich. In: Kaelble, Hartmut (Hrsg.): Sozialgeschichte der DDR. Stuttgart 1994, S. 559–581.

Kaelble, Hartmut: Der historische Vergleich. Eine Einführung zum 19. und 20. Jahrhundert. Frankfurt am Main/New York 1999.

Kathe, Steffen R.: Kulturpolitik um jeden Preis. Die Geschichte des Goethe-Instituts von 1951 bis 1990. München 2005.

Kocka, Jürgen: Asymmetrical historical comparison: The case of the German »Sonderweg«. In: History and Theory 38 (1999), S. 40–51.

Kunert, Günter: Worte gegen Wirklichkeit. In: Geo Special: DDR 1 (1985), S. 84–85.

Kuppe, Johannes L.: Die DDR und die nichtsozialistische Welt. Ein Essay zur Außenpolitik der SED. In: Helwig, Gisela (Hrsg.): Rückblicke auf die DDR. Festschrift für Ilse Spittmann-Rühle. Köln 1995, S. 175–182.

Lepp, Claudia: Tabu der Einheit? Die Ost-West-Gemeinschaft der evangelischen Christen und die deutsche Teilung (1945–1969). Göttingen 2005.

Leroy, Roland (Hrsg.): Un siècle d'Humanité (1904–2004). Paris 2004.

Lindemann, Hans/Müller, Kurt: Auswärtige Kulturpolitik der DDR. Bonn-Bad Godesberg 1974.

Mallinckrodt, Anita M.: Die Selbstdarstellung der beiden deutschen Staaten im Ausland. »Image-Bildung« als Instrument der Außenpolitik. Köln 1980.

Michalek, Christian: Die Deutsche Welle im Rahmen von Public Diplomacy. Journalistisches Selbstverständnis und politischer Auftrag des deutschen Auslandsrundfunks. München 2009.

Minholz, Michael/Stirnberg, Uwe: Der Allgemeine Deutsche Nachrichtendienst (ADN). Gute Nachrichten für die SED. München u. a. 1995 (zuerst 1990).

Miquel, Marc von: Ahnden oder amnestieren? Westdeutsche Justiz und Vergangenheitspolitik in den sechziger Jahren. Göttingen 2004.

Muschik, Michael: Die beiden deutschen Staaten und das neutrale Schweden. Eine Dreiecksbeziehung im Schatten der offenen Deutschlandfrage 1949–1972. Münster u. a. 2005.

Muth, Ingrid: Die DDR-Außenpolitik 1949–1972. Inhalte, Strukturen, Mechanismen. Berlin 2000.

Münkler, Herfried: Antifaschismus als Gründungsmythos der DDR. Abgrenzungsinstrument nach Westen und Herrschaftsmittel nach innen. In: Agethen, Manfred von/Jesse, Eckhard/Neubert, Ehrhart (Hrsg.): Der missbrauchte Antifaschismus. DDR-Staatsdoktrin und Lebenslüge der deutschen Linken. Freiburg im Breisgau 2002, S. 79–99.

Nakath, Detlef: Grundzüge und Entwicklungsetappen der DDR-Außenpolitik. In: Küchenmeister, Daniel/Nakath, Detlef/Stephan, Gerd R. (Hrsg.): ...abgegrenzte Weltoffenheit. Zur Außen- und Deutschlandpolitik der DDR. Potsdam 1999, S. 15–37.

Natrup, Friedhelm B. Meyer zu: Frankreich und die DDR. In: Europa-Archiv 43 (1988), S. 311–322.

Pfeil, Ulrich: De la »théorie des deux états allemands« à la reconnaissance: Les relations franco-est-allemandes de 1958 à 1973. In: Revue d'Allemagne et des pays de langue allemande 34 (2002), S. 77–97.

Pfeil, Ulrich: »Comme un coup de tonnerre dans un ciel d'été«. Französische Reaktionen auf den 17. Juni 1953: Verlauf, Perzeptionen, Interpretationen. Berlin 2003.

Pfeil, Ulrich: Ostdeutsch-französische Städtepartnerschaften zwischen Westabschottung und Westorientierung 1958–1973. In: Lendemains 29 (2004), S. 146–166.

Pfeil, Ulrich: Die »anderen« deutsch-französischen Beziehungen. Die DDR und Frankreich 1949–1990. Köln u. a. 2004.

Pfeil, Ulrich: Intersystemische Kulturbeziehungen im Ost-West-Konflikt. Die DDR und der Westen. In: Berger, Stefan (Hrsg.): The other Germany: Perceptions and Influences in British-East German Relations 1945-1990. Augsburg 2005, S. 189–209.

Praxenthaler, Martin: Die Sprachverbreitungspolitik der DDR. Die deutsche Sprache als Mittel sozialistischer auswärtiger Kulturpolitik. Frankfurt am Main u. a. 2002.

Qualter, Terence H.: Propaganda and psychological warfare. New York 1962.

Schmitz, Christian M.: Zwischen Mythos und Aufklärung: Deutschland in der außenpolitischen Berichterstattung der Zeitung »Le Monde« 1963 bis 1983. Frankfurt am Main u. a. 1990.

Schöneburg, Volkmar: Rechts- und Justizpolitik. In: Herbst, Andreas/Stephan, Gerd-Rüdiger/Winkler, Jürgen (Hrsg.): Die SED. Geschichte – Organisation – Politik. Ein Handbuch. Berlin 1997, S. 378–388.

Scholtyseck, Joachim: Die Außenpolitik der DDR. München 2003.

Schroeder, Klaus: Der SED-Staat. Partei, Staat und Gesellschaft 1949–1990. München 1998.

Schwendinger, Christian: Was ist Propaganda? Begriffsgeschichte, Definition und das »Wesen« der Propaganda. In: RhetOn – Online-Zeitschrift für Rhetorik und Wissenstransfer ⟨URL: http://www.rheton.sbg.ac.at/rhetonneu/index.php?option=com_content&task=view&id=81&Itemid=26⟩ – letzter Zugriff am 27.10.2009.

Stöver, Bernd: Der Kalte Krieg 1947–1991. Geschichte eines radikalen Zeitalters. Bonn 2007.

Strunk, Peter: Zensur und Zensoren: Medienkontrolle und Propagandapolitik unter sowjetischer Besatzungsherrschaft in Deutschland. Berlin 1996.

Tomlinson, John: Left, right. The march of political extremism in Britain. London 1981.

Tuch, Hans N.: Communicating with the world. U. S. Public Diplomacy overseas. New York 1990.

Wagner, Jens-Christian: Der Fall Lübke. War der zweite Präsident der Bundesrepublik Deutschland tatsächlich nur das unschuldige Opfer einer perfiden DDR-Kampagne? In: Die Zeit, Nr. 30 v. 19.7.2007 ⟨URL: http://www.zeit.de/2007/30/Heinrich-Luebke⟩ – letzter Zugriff am 20.10.2009.

Weilemann, Peter R.: Außenpolitik. In: Lexikon des DDR-Sozialismus. Das Staats- und Gesellschaftssystem der Deutschen Demokratischen Republik. Paderborn u. a. 1996, S. 76–83.

Wentker, Hermann: Die Außenpolitik der DDR. In: Neue Politische Literatur 3 (2001), S. 389–411.

Wolfrum, Edgar: Wo ist der Ort der DDR in den deutsch-französischen Beziehungen? Plädoyer für neue Forschungsaktivitäten. In: Dokumente. Zeitschrift für den deutsch-französischen Dialog 56 (2000), S. 18–25.

Personenregister

Abraham, Nils, 12
Axen, Hermann, 38, 39

Balz, Willi, 20
Barth, Günther, 74, 81
Baur, Walter, 65
Beil, Gerhard, 68
Benjamin, Hilde, 62, 66
Billoux, François, 67
Bismarck, Otto von, 38
Boetzel, Friedrich-Karl, 28
Bolz, Lothar, 43
Bozo, Frédéric, 36
Brandt, Willy [Frahm, Herbert], 40, 80
Brecht, Bertolt, 75
Brösicke, Herwarth, 20, 28
Bulla, Marcel, 31

Dahlem, Franz, 38
Delcour, Roland, 69
Deluy, Henri, 62
Dertinger, Georg, 43
Drayson, Burnaby, 33
Duclos, Jacques, 61

Escherich, Bernhard, 38, 69

Fauvet, Jacques, 69
Feist, Manfred, 44
Fischer, Oskar, 43
Franco, Francisco, 50

Gaulle, Charles de, 37, 38
Gentz, Ingeburg, 20, 27
Goethe, Johann Wolfgang von, 38
Golz, Hans-Georg, 17, 31, 40, 77, 78
Gorbatschow, Michail Sergejewitsch, 30
Gutermuth, Rolf, 62, 63

Hanke, Kurt, 27, 28
Heil, Alfred, 28

Henry, Mardie, 74
Hermlin, Stephan, 38
Herterich, Elmar, 52
Hitler, Adolf, 50, 52, 77
Hoff, Henning, 17, 31, 35, 71, 74
Honecker, Erich, 64, 65
Honecker, Margot, 44
Hornsby, Lex, 57, 71, 72, 74, 78
Howarth, Marianne, 31
Häuser, Otto, 62

Kaelble, Hartmut, 40
Kalweit, Werner, 62, 64, 65
Kann, Kurt, 34, 80
Kant, Immanuel, 38
Kegel, Gerhard, 67
Klenke, Karl, 20, 28
Kocka, Jürgen, 16
Kossygin, Alexej Nikolajewitsch, 42
Kroeger, Herbert, 67
Kubach, Paul, 28
Kunert, Günter, 73

Lamberz, Werner, 23, 44
Lenin [Uljanow, Wladimir Iljitsch], 11, 17, 41
Leonhardt, Hellmuth, 20, 21, 27
Lübke, Heinrich, 68, 76

Marx, Karl, 11
Mauriac, François, 36
Meyer zu Natrup, Friedhelm, 39
Michalek, Christian, 12
Minholz, Michael, 14
Mitterand, François, 36
Muth, Ingrid, 43, 56

Norden, Albert, 38, 43, 58

Orwell, George, 73

Peet, John, 75, 81

Pfeil, Ulrich, 14, 17, 30, 69

Qualter, Terence H., 11

Raab, Karl, 28
Römer, Erich, 20, 28

Salazar, António de Oliveira, 50
Sartre, Jean-Paul, 59
Schmitz, Christian, 69, 79
Schumann, Maurice, 39
Schwabe, Otto, 44
Seghers, Anna, 38
Shinwell, Emanuel, 33
Stalin [Dschugaschwili, Jossif Wissarinowitsch], 41, 64
Suhrbier, Max, 68

Tuch, Hans N., 12

Ulbricht, Walter, 27, 44, 49, 53, 64, 67, 68

Vuillaume (männlich, Vorname unbekannt), 59

Wagner, Jens-Christian, 68
Wentker, Hermann, 30
Wessel, Harald, 61
Winzer, Otto, 43
Wolfrum, Edgar, 40
Würzberger, Werner, 28

Sachregister

Abteilung Agitation und Propaganda des ZK der SED, *siehe* Sozialistische Einheitspartei Deutschlands (SED)
Abteilung Auslandsinformation des ZK der SED, *siehe* Auslandsinformation
Abteilung Finanzverwaltung und Parteibetriebe des ZK der SED, *siehe* Sozialistische Einheitspartei Deutschlands (SED)
Agitation, 19, 43
Agitationskommission, *siehe* Sozialistische Einheitspartei Deutschlands (SED)
Akademie der Wissenschaften der DDR, 62, 69
Albanien, 59
Algerien, 21, 47
Allgemeiner Deutscher Nachrichtendienst (ADN), 15, 18–28, 44, 46, 53, 54, 74
Antifaschismus, 14, 32
AR-Press, 25
Arbeitsgruppe Auslandsinformation, *siehe* Auslandsinformation
Auslandsinformation
    Abteilung A. des ZK, 17, 23, 28, 44, 58
    Arbeitsgruppe A., 19, 21, 23, 44, 54, 58
    Beirat für A., 21, 23, 44, 54, 58, 59
    Institut für A., 26
    Sektion A. des MfAA, 54
    Strategie der A., 13, 15, 16, 41, 44–56, 61, 71, 74, 77, 79
    Zielkonflikt der A., 49, 56, 81
Auslandsinformationsverlag, *siehe* Zeit im Bild

Australien, 55
Auswärtiges Amt, 17, 44, 45
Außenpolitik der DDR, *siehe* Deutsche Demokratische Republik (DDR)

Banque de France, 39
Beirat für Auslandsinformation, *siehe* Auslandsinformation
Berlin-Krise, 33, 35, 37
Breschnew-Doktrin, 30
British Council for the Promotion of International Trade, 33
British-Democratic Germany Exchange (BRIDGE), 34
Bulgarien, 60
Bundesrat, 45
Bundesregierung, 39
Bundesrepublik [Deutschland], 13, 20, 22, 27–33, 35–40, 44–48, 50–55, 58, 63, 66–68, 73, 74, 77, 79, 80
Bundestag, 45
    B.swahlen 1965, 67
    B.swahlen 1983, 69

Camera DDR, 70
Central Intelligence Agency (CIA), 14
Centropress, 25
Christlich-Demokratische Union Deutschlands (CDU), 54, 67
Christlich-Demokratische Union Deutschlands (CDU), DDR, 29
Christlich-Soziale Union in Bayern e. V. (CSU), 54
Communist Party of Great Britain (CPGB), 35, 71, 75
Confédération Générale du Travail (CGT), 37

Sachregister

ČSSR, *siehe* Tschechoslowakische Sozialistische Republik

Demokratische Bauernpartei Deutschlands (DBD), 29
Demokratischer Frauenbund Deutschlands (DFD), 19
Deutsch-Britische Gesellschaft in der DDR (DEBRIG), 34–35, 38, 71, 73–75, 80, 81
Deutsch-Französische Gesellschaft der DDR (Deufra), 38
Deutsch-Französisches Jugendwerk (DFJW), 36
Deutsche Demokratische Republik (DDR)
  15. Jahrestag, 21
  Außenpolitik, 15, 17, 25, 26, 29, 30–31, 43
  Deutsche Notenbank der DDR, 19, 39
  Kammer für Außenhandel (KfA), 19, 34, 39, 71
  Ministerium für Auswärtige Angelegenheiten (MfAA), 17, 19, 23, 25, 43, 46, 53, 54, 70, 71, 74, 81
  Ministerium für Außenhandel (MfAH), 17, 19, 34, 43
  Ministerium für Staatssicherheit (MfS), 29
  Ministerrat, 17, 43
  Staatliche Plankommission (SPK), 43, 60, 62, 64
  Volkskammer, 30
  Westpolitik, 14, 31, 77
Deutsche Film AG (DEFA), 54
Deutsche Notenbank der DDR, *siehe* Deutsche Demokratische Republik (DDR)
Deutsche Welle, 45
Deutscher Schriftstellerverband (DSV), 19

Deutscher Turn- und Sportbund (DTSB), 28, 44, 46
Dietz-Verlag, 11

Echanges Franco-Allemands (EFA), 37, 38
Élysée-Vertrag, 36, 38, 52, 69
Erster Weltkrieg, 13
Europäische Gemeinschaft für Kohle und Stahl (EGKS), 36
Europäische Gemeinschaften (EG), 36

Familiengesetzbuch der DDR, 61, 65
Federation/Confederation of British Industry (FBI/CBI), 33, 34
Finnland, 26
Freie Deutsche Jugend (FDJ), 19, 44, 46, 53
Freier Deutscher Gewerkschaftsbund (FDGB), 19, 35, 44, 46
Friedliche Koexistenz, 41–42, 47, 48, 55, 57

Gesellschaft zur Verbreitung wissenschaftlicher Kenntnisse, 19
Goethe-Institut, 44, 45
Griechenland, 26
Grundlagenvertrag, 80

Hallstein-Doktrin, 30–32, 36, 43, 51, 52

Indien, 21
Institut für Auslandsinformation, *siehe* Auslandsinformation
Institut für Internationale Politik und Wirtschaft, 27
Intertext, 22, 54
Interwerbung, 19, 54, 69, 70
Italien, 26, 40

Japan, 26
Jugoslawien, 60
Junge Nationalstaaten, 21, 23, 26, 47, 48, 51, 53, 57

Kalter Krieg, 11–14, 36, 63
Kammer für Außenhandel der DDR, siehe Deutsche Demokratische Republik (DDR)
Kanada, 55
Kenia, 21
Kommunistische Partei der Sowjetunion (KPdSU)
  XX. Parteitag, 41, 63
Kommunistische Partei Deutschlands (KPD), 34, 39, 67
Konferenz über Sicherheit und Zusammenarbeit in Europa (KSZE), 29

Labour Party, 33, 35
Leipziger Messe, 33, 39, 50, 60, 61
Lex Hornsby & Partners Ltd. (LH&P), 71, 73, 74
Libanon, 26
Liberal-Demokratische Partei Deutschlands (LDPD), 29, 68
Liga für Völkerfreundschaft, 17, 19, 20, 23, 34, 38, 43, 44, 46, 54, 70

Mauer, 62
  M.bau/Bau der M., 13, 32, 34–36, 38, 49, 52, 62–64, 74, 79
Ministerium für Auswärtige Angelegenheiten der DDR, siehe Deutsche Demokratische Republik (DDR)
Ministerium für Außenhandel der DDR, siehe Deutsche Demokratische Republik (DDR)
Ministerium für Staatssicherheit der DDR, siehe Deutsche Demokratische Republik (DDR)
Ministerrat der DDR, siehe Deutsche Demokratische Republik (DDR)
Multilateral Nuclear Force (MLF), 67

Nationale Front, 68

Nationalsozialismus, 11, 47, 52, 58, 68
Neue Ostpolitik, 31, 39, 40, 80
Neues Deutschland (ND), 61, 62, 67
Neues Ökonomisches System der Planung und Leitung (NÖSPL), 23, 61, **64**
Nigeria, 47
North Atlantic Treaty Organization (NATO), 32, 50, 52, 59, 67
Novosti, 20, 25

Österreich, 25
Ost-West-Konflikt, siehe Kalter Krieg

Pariser Messe, 27, 70
Partei des Demokratischen Sozialismus (PDS), 29
Parti Communiste Français (PCF), 37, 39, 59, 67, 76
Polen, 25, 60
Politbüro des ZK der SED, siehe Sozialistische Einheitspartei Deutschlands (SED)
Pragopress, 25
Presse- und Informationsamt der Bundesregierung, 44
Pressetheorie, kommunistische, 20
Preußen, 38
Propaganda, **11–12**, 15, 19, 43
Public Diplomacy, **12–14**, 45, 71, 80

Radio Berlin International (RBI), 19, 26, 44, 46, 54
Reisebüro der DDR, 19, 75
Rumänien, 60

Schweden, 25, 26
Sekretariat des ZK der SED, siehe Sozialistische Einheitspartei Deutschlands (SED)
Sektion Auslandsinformation des MfAA, siehe Auslandsinformation
Sowjetunion, 25, 30, 31, 41, 48, 51, 55, 60, 62

Sachregister

Sozialdemokratische Partei Deutschlands (SPD), 68
Sozialistische Einheitspartei Deutschlands (SED)
11. Plenum des ZK, 64
IV. Parteitag, 49
VI. Parteitag, 23, 44, 46
Abteilung Agitation und Propaganda des ZK, 43
Abteilung Auslandsinformation des ZK, *siehe* Auslandsinformation
Abteilung Finanzverwaltung und Parteibetriebe des ZK, 28
Agitationskommission beim Politbüro, 19, 23, 44
Außenpolitischer Apparat, 43–44
Politbüro, 15–17, 19, 23, 27, 38, 41, 43, 44, 67, 70, 71, 78
Sekretariat des ZK, 15, 17, 27, 28, 43, 44
Westabteilung des ZK, 28, 46
Zentralkomitee (ZK), 17, 43, 44, 54, 59, 67
Staatliche Plankommission der DDR, *siehe* Deutsche Demokratische Republik (DDR)
Strategie der Auslandsinformation, *siehe* Auslandsinformation

Tanjug, 25
Trade Union Congress (TUC), 35
Tschechoslowakische Sozialistische Republik (ČSSR), 25, 60

UN-Sicherheitsrat, 31
Ungarn, 25, 60
Union der Sozialistischen Sowjetrepubliken (UdSSR), *siehe* Sowjetunion
United Nations Educational, Scientific and Cultural Organization (UNESCO), 31
United Nations Organization (UNO), 23, 31

United States of America (USA), 12, 13, 26, 37, 55, 67
UNO-Charta, 48, 51

Verband Deutscher Journalisten (VDJ), 19, 44
Vereinigte Arabische Republik (VAR) [Ägypten], 26
Vereinigung Volkseigener Betriebe (VVB), 60
Vergleich, asymmetrischer, 16, 78
Viermächteabkommen über Berlin, 80
Vietnam, 68
Volkskammer, *siehe* Deutsche Demokratische Republik (DDR)

Westabteilung des ZK der SED, *siehe* Sozialistische Einheitspartei Deutschlands (SED)
Westdeutschland, 45, 46, 50–51, 52, 53, 65

Zeit im Bild, 13, 14, 27, 28, 54, 55
Zentrag, 17, 20, 28, 29, 58
Zielkonflikt der Auslandsinformation, *siehe* Auslandsinformation
Zweiter Weltkrieg, 36, 40, 48, 50
Zypern, 26

Zivilisationen & Geschichte

Herausgegeben von Ina Ulrike Paul und Uwe Puschner

Band 1   Ljiljana Heise: KZ-Aufseherinnen vor Gericht. Greta Bösel – „another of those brutal types of women"? 2009.

Band 2   Ivonne Meybohm: Erziehung zum Zionismus. Der Jüdische Wanderbund Blau-Weiß als Versuch einer praktischen Umsetzung des Programms der Jüdischen Renaissance. 2009.

Band 3   Tamara Or: Vorkämpferinnen und Mütter des Zionismus. Die deutsch-zionistischen Frauenorganisationen (1897-1938). 2009.

Band 4   Sonja Knopp: „Wir lebten mitten im Tod". Das „Sonderkommando" in Auschwitz in schriftlichen und mündlichen Häftlingserinnerungen. 2010.

Band 5   Vera Kallenberg: Von „liederlichen Land-Läuffern" zum „asiatischen Volk". Die Repräsentation der ‚Zigeuner' in deutschsprachigen Lexika und Enzyklopädien zwischen 1700 und 1850. Eine wissensgeschichtliche Untersuchung. 2010.

Band 6   Stefan Gerbing: Afrodeutscher Aktivismus. Interventionen von Kolonisierten am Wendepunkt der Dekolonisierung Deutschlands 1919. 2010.

Band 7   Karena Kalmbach: Tschernobyl und Frankreich. Die Debatte um die Auswirkungen des Reaktorunfalls im Kontext der französischen Atompolitik und Elitenkultur. 2011.

Band 8   Monika Brockhaus: „Ein Ereignis von weltgeschichtlicher Bedeutung". Die Balfour-Deklaration in der veröffentlichten Meinung. 2011.

Band 9   Klaus Geus (Hrsg.): Utopien, Zukunftsvorstellungen, Gedankenexperimente. Literarische Konzepte von einer „anderen" Welt im abendländischen Denken von der Antike bis zur Gegenwart. 2011.

Band 10   Gregor Hufenreuter: Philipp Stauff. Zur Geschichte des Deutschvölkischen Schriftstellerverbandes, des Germanen-Ordens und der Guido-von-List-Gesellschaft. Ideologe, Agitator und Organisator im völkischen Netzwerk des Wilhelminischen Kaiserreichs. 2011.

Band 11   Ghazal Ahmadi: Iran als Spielball der Mächte? Die internationalen Verflechtungen des Iran unter Reza Schah und die anglo-sowjetische Invasion 1941. 2011.

Band 12   Thomas Brünner: Public Diplomacy im Westen. Die Presseagentur *Panorama DDR* informiert das Ausland. 2011.

www.peterlang.de